藤原流「話が通じる」4つのテクニック

1 共感させる もう「独り言」では通じません

➡周りの日本人を、全員「外国人」だと考えよう！

2 つかむ もう初対面で「肩書き」は使えません

➡15秒で、初対面の相手を「味方」に変えよう！

3 弱みをさらす もう「自己PR」はやめなさい

➡恥ずかしいネタほど相手にインパクトがある！

4 聞き役に回る これからは「聞く力=話す力」になります

➡話し方は、聞き方で9割決まる！

新しい話し方の大原則

自分の頭ではなく「相手の頭の中」の言葉で話す

もう「いいお天気ですね」では話が続きません

話のきっかけ例文50

逆張りから入る（「じつは」シリーズ）

1. 一見コワい顔をしてますが、じつは蚊も殺せないんです。
2. 胸板は厚いですが、じつはラグビーも柔道もしたことがありません。
3. 地味に見えますが、じつは体育会系で……箱根駅伝に出てました。
4. 男らしいと言われますが、じつは料理が趣味です。
5. 童顔に見られますが、じつは45歳です。
6. 優等生に見られますが、中学時代はグレてました。じつは……。
7. コンサルタントで話し上手に思われますが、小学校時代は口数が少ない子でした。
8. まじめな顔して、アイドル好きなんです。じつは……。
9. 体育会系なんですが、じつは……全然お酒が飲めないんです。
10. 男に見えますが、女なんです！　じつは……。

挫折や失敗から入る

1. いまの会社にいるのは、前の会社が倒産したからなんです。
2. 住宅業界は厳しくて、売れません！
3. うつで、休職したことがあるんです。
4. 去年、離婚しちゃったんですよ……。
5. 会社の運動会でスッ転びましてね。
6. 今日、ケータイも財布も忘れてきちゃったんですよ。
7. ワタシは高脂血症で薬飲んでるんですが、コレステロールは大丈夫？
8. ボクはお酒は弱いほうなんですが、強そうですね。
9. メニエルやったことあるんですが、知ってます？
10. 最近、人の名前が覚えられなくて……。

見た目から入る

1. 髪、最近夏らしく切ったんですか？
2. 焼けてますね。海ですか？　ゴルフ？　それともテニス？
3. ボクもアレルギーなんですが、花粉症ですか？
4. あれっ、その時計「タグ・ホイヤー」の限定品ですか？
5. 「ほぼ日手帳」使ってるんですね。私もです！
6. 「VAIO」なんですね。ソニーファン？
7. ヒゲを伸ばしてみたんですが、ちょっと似合わなかったみたいで……。
8. 身長高いですね。もしかして元バスケ選手？
9. おっ、まだガラケー派ですか？
10. スーツ姿、新鮮ですね。今日はこのあと結婚式？

生まれや育ちから入る

1. うちは代々神主の家なんですが……。
2. まだ実家は茅葺きで……。
3. 島根県なんですが、島で遠くて……海士町って知ってます？
4. 宇宙飛行士の若田光一さんと、同じ高校なんですよ。
5. 父は宮城県の漁師で、養殖漁業やってます。牡蠣や帆立好きですか？
6. 鹿児島には3000坪の土地があるんですが。
7. その関西弁は、大阪？　京都？
8. もしかして、東京生まれの江戸っ子ですか？
9. 大学は福岡に行っていたんですよ。
10. 「純血」のAB型なんです。

家族やペットから入る

1. 私はひとりっ子なんですが、ご兄弟は？
2. うちは娘がいるんですが、いらっしゃる？
3. うちは息子が反抗期でけっこうキツいんですが、そうじゃないですか？
4. 私はポメラニアンを飼ってるんですが、犬好きですか？
5. 病気の猫をボランティアで育てていて……今10匹います。
6. おばがお茶の先生なんですが……。
7. カメが大好きで、最近飼い始めたんです。
8. 奥さんとは／旦那さんとは、社内結婚？
9. 父方の実家は北海道で、母方は沖縄なんですよ。
10. じつはいま……夫が無職なんです！

キリトリ

もう、その話し方では通じません。

藤原和博

あれっ、おかしいな。
何度も言ったのに、まだやってくれてない。

えっ、なんでだろう……。
この前の約束と、話が違ってる。

もう、頭にくる！
私の話、全然聞いてない。

上司
部下
友だち
夫・妻
彼氏・彼女
子ども……

最近誰と話しても、

話が通じない

と思うことが増えていませんか？

なぜ、
あなたの話は

聞いてもらえなく
なったのか。

それは、あなたのせいではありません。
周りの人のせいでもありません。
じつは、あなたの知らない間に

話し方のルールが
変わったのです。

「そんなこと知らなかった！」というあなた。
安心してください。
この本を読むだけで、今日から
「新しい話し方」のテクニックが身につきます。

ちょっとしたひと言を変えるだけで、
あなたの仕事も人間関係も
すべてがうまく回り出します。

はじめに　話し方のルールが書き換えられた

この本は、自分を相手にわかってもらうための教科書です。

わかってもらえない歯がゆさを抱えた人や、どうも想いが伝わらないと感じる人。初めての相手ともっとすんなり話ができたらいいのにと思う人や、面接が苦手な人。自分の企画がいまいち通らないと嘆くビジネスパーソンや、ツイッターやフェイスブックを駆使しているのに、出逢った人脈がどうも深まらないと悩んでいるような方々に、「つながり上手」になってもらうための技術を提供します。

○なぜ、あなたの話は聞いてもらえなくなったのか？

最近、リアルでもネットでも、なかなか相手に話を聞いてもらえない、話が通じないと感じることがありませんか？

たとえば……

・上司に話しかけても、パソコン画面を見ながら受け答えされてしまう。
・部下に指示をしても、なかなかそのとおりに動いてくれない。
・子どもや妻・夫との会話がいつも一方通行になってしまう。
・プライベートで友人と話すとき、話題をスルーされてしまう。
・フェイスブックに書き込みをしても、「いいね！」は押してもらえるけど、相手との関係が続かない、深まらない——。

理由は明らか。**話し方の「ルール」が変わった**からです。

これは私がこれまでの著書でずっと書いてきた「成長社会」から「成熟社会」への変化の一つです。

成熟社会の特徴は、「多様で、複雑で、変化が激しい」こと。経済が右肩上がりで成長し、「みんな一緒」の価値観や話題を共有できた成長社会とは、当然、話し方、伝え方も変わります。

そう、いままでの話し方を続けていたら、もう「話が通じない」時代に入ったのです。

◎伝えるのが苦手な人にとってはチャンス！

左ページの図は、その変化を1枚の図にしたもの。

これからの時代は、相手が共感してくれるように、一人ひとりに合わせて話題や使う言葉を変えて話す必要があります。

また、みんな時間がないので、短い時間で気持ちをつかまなければなりません。テレビCMの長さはだいたい15秒ですが、これは出逢った瞬間に相手があなたを敵か味方か、直感で判断する時間。だから初対面では「最初の15秒」で何を言うかが勝負になります。

一方で、この変化はいままで「話すのが苦手……」と思っていた人にとってのチャンスでもあります。かつて日本で重視されてきた「声の大きさ」とか、「話のうまさ」

話し方のルールが変わった！

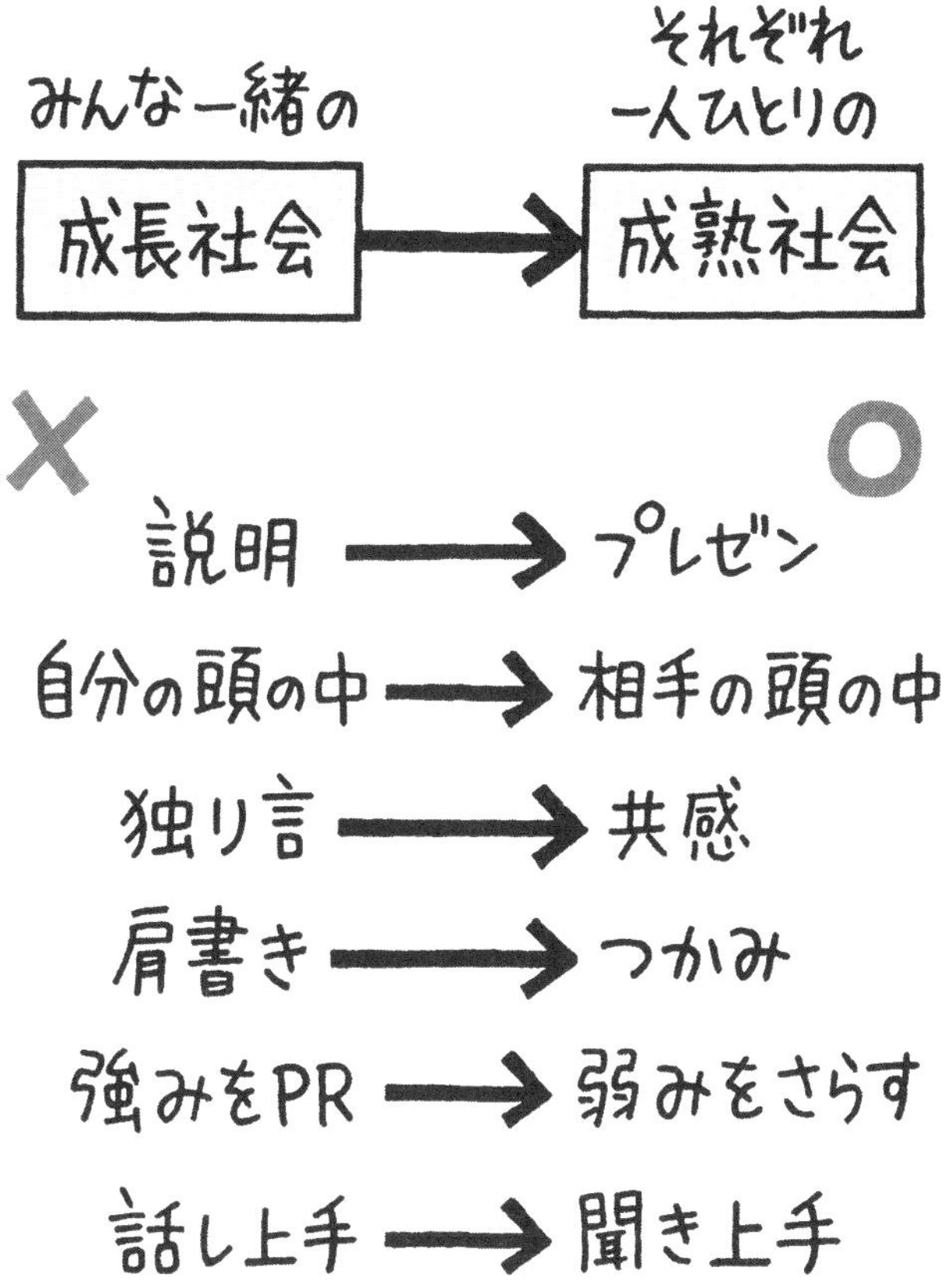

みたいなあいまいなものは、これからは通用しなくなりますから。

○藤原和博は、生まれつき「話しベタ」だった

私はリクルートのトップ営業マンから東京都で義務教育では初の民間人校長に転じ、その後、全国で「ビジネス×教育×人生」をテーマとする講演をするようになりました。この8年間で1000回近い講演会や研修で講師を務めており、動員人数は20万人を超えています。

リクルートでトップ営業だったというだけで、生まれつき明るくておしゃべりな人間だったと誤解されるのですが、じつは、初めから自己表現がうまかったわけではありません。

小さいころは、一人っ子だったせいか、仲間内では問題ないのですが、ちょっと大人ぶって見える同級生にもおびえているような子どもでした。

「はじめてのおつかい」というテレビ番組が人気ですが、私は、お店の人が他のお客

さんと楽しく会話しているような場面だと、右往左往して、結局何も言えずに家に帰ってきてしまうようなタイプでした。また、入学の出願など、手続き上大事なプロセスのことでも、聞き逃したことをもう一度確認することが不得意でした。

だから、人一倍、想いが伝わらなかったり、うまくできないで悔しい想いをしてきました。もちろん、初恋も……伝えられないまま終わりました。

○なぜ、藤原和博にはたくさんの味方がいるのか？

そんな私が変わったのには、２つのきっかけがあります。

１つは、リクルートで営業とプレゼンの訓練を何度も繰り返したこと。20代から30代の間に営業とプレゼンで**1万時間以上の練習**をこなしたから、相手に自分の話を聞いて、興味をもってもらう技術に磨きがかかりました。ちなみに、27歳のときに、のちに語る**「ある法則」を発見してから、私のプレゼンは今日に至るまで、通らなかったことがありません。**

もう1つは、杉並区立和田中学校の校長になって、ビジネスの現場では出逢うことのなかった多くの人たちを動かす必要性にかられたことです。学校というのは、会社と違って利害関係では動きません。子どもたちはもちろん、先生方もPTAの親御さんも、教育委員会も……**それぞれ通じる言葉が違います。**ビジネスだったらかんたんに通る話が、教育界だと通らないこともしばしばでした。この「話を全然聞いてもらえない体験」が、私に新しいルールの存在を気づかせてくれたのです。

◎新しい話し方「5つのルール」と「4つのテクニック」

この本では、私がこれまでの体験からつかんだ話し方の基礎技術を、5つの章を通して学び、みなさんに身につけてもらいます。

1章　「新しい話し方」5つのルール
2章　共感させる
3章　つかむ

「新しい話し方」4つのテクニック

4章　弱みをさらす
5章　聞き役に回る

これらは、**才能とはまったく関係なく、練習すれば、必ずうまくなる**ものなので、安心してください。

◎話す技術＝居場所をつくる技術

日本人は、島国で単一民族だから、「あ、うん」の呼吸で言わなくてもわかるんだといわれてきました。とくに男は「沈黙は金」だとか、女がしゃべりすぎるなんて、はしたないとか。

でも、**もう、時代が違います。**

「みんな一緒」の感覚が強かった高度成長社会の幻想を引きずって黙って流されているようでは、目の前の相手に理解してもらえないばかりか、あらゆるコミュニティに受け入れてはもらえないでしょう。

どんどん「それぞれ一人ひとり」に考え方が分かれていく成熟社会では、相手の頭の中にしっかり自分の印象を残す技術をもっていないと、居場所がなくなってしまいます。ネット上だけでなく、リアルな世界でも。

だから、話し方の技術を学ぶことは、同時に**味方を増やす技術**を磨くことにもなるのです。

◎味方を増やしてやりたいことをどんどん実現しよう!

どうぞ、この本とともに練習を重ねて、あなたの味方を一人ずつ増やしていってください。いま目の前にいる人にも、明日新たに出逢う人にも、味方になってもらえるように。

相手が味方になってくれれば、仕事の上でも、生活の上でも一人モンモンとしているより、助けられます。

相手に想いが伝われば、あなたにも相手からのエネルギーが流れ込んで元気になれます。

そして、相手にあなたの想い＝ビジョンが伝わると、それが四方八方に拡散して、そのビジョンや夢が、黙っているよりはるかに実現に近づくはずです。

藤原　和博

目次

2章 共感させる

もう「独り言」では通じません

3章 つかむ

もう初対面で「肩書き」は使えません

4章 弱みをさらす

もう「自己PR」はやめなさい

5章 聞き役に回る

これからは「聞く力＝話す力」になります

本文デザイン／吉村朋子
本文イラスト／ケン・サイトー

1章

「新しい話し方」5つのルール

01

新しい話し方のルール①

自分の頭ではなく「相手の頭の中」の言葉で話す

○「起承転結」がしっかりしていてもダメ

「わかりやすいこと」と「話が通じること」は違います。このことを認識しないと、どんな場面でも、相手に話を聞いてもらえません。

相手に**あなたの話を通じさせるためには、「自分の頭の中」にあることではなく、「相手の頭の中」にあることで話すことが重要**になります。私はこのことにリクルートの営業マン時代に気づき、トップ営業マンになりました（企業秘密なのでいままで内緒にしてきたのですが、本書でついに、公開することにしました）。

「相手の頭の中」にあることで話す

○「自分の頭の中」にあることをそのまま話してはいけない

たとえば、中学生を相手に私が自分自身をプレゼンする場合。「私はリクルートのトップ営業マンから初の民間人校長になって、講演は1000回以上やってきました」といったことを、起承転結をはっきりさせて、流れるように説明したとしましょう。

私の話がどれだけわかりやすかったとしても、中学生には通じません。

私の頭の中にあることを説明するだけですから、それはプレゼンではなく、エクスプラネーション（説明）にすぎません。その説明を相手（中学生）がどう受け止めるかとは無縁なわけです。

ブログやツイッターでつぶやこうとパワーポイントで映写しようと同じこと。自分ではうまく説明できたつもりでも、相手にそのとおり伝わっているとは限らないのです。

いっぽう、**本来の「プレゼン」というのは、相手の頭の中に、あるイメージを抱か**

せる行為をいいます。相手の頭の中にある映写室で、映像を映し出すようなもの。好ましい映像を結ばせることができれば、そのプレゼンは成功です。

◎相手の「世界観」を知ることが重要

説明は自分の頭の中、プレゼンは相手の頭の中。

このことは何度強調しても足りないほど重要なポイントです。

相手の頭の中に映写するといいましたが、実際には、相手の頭の中にはすでに「相手の抱いている世界観」があります。だとすると、この世界観を把握して、どんな「映像」が懐かしく記憶されているのか、どんな「イメージ」を好ましいと思っているか、どんな「言葉」が鍵になるのかをあらかじめ確かめることが大事です。

これが、相手に話を通じさせるための大原則です。

自分の考えを丁寧にわかりやすく話しても、相手には通じない。「相手の頭の中」を想像して話そう。

02

新しい話し方のルール②

独り言ではなく「共感させる」話をする

○「面白さ」「新しさ」では伝わらない

プレゼンや営業、講演などの場面で、珍奇なことを話せば相手が驚いて受け入れてくれると思ったら大間違いです。話を通じさせるために重要なのは「共感」できるかどうかです。では、**共感とは何でしょうか？　ひと言でいうと「相手が知っている」ということです。**

提案する企画内容が新しければ新しいほど、古いもの（相手の頭の中に懐かしいもの、リスペクトすべきものとして入っているもの）や伝統、歴史の中から出てきたものとして位置づけるべきなのです。

共感とは、相手が知っていること。

◯自分が知らないことに、人は恐怖心を抱く

人間は、自分の頭の中に入っていないこと（わからないこと）については恐怖心を抱きますが、自分が知っている要素についてはなじみがあるから理解しやすい。

スティーブ・ジョブズは「iPhone」の発表会で、次のような表現をしました。

> 本日、革命的な新製品を3つ発表します。1つめ。ワイド画面、タッチ操作のiPod。2つめ。革命的携帯電話。3つめ。画期的ネット通信機器。
> 3つです。タッチ操作のiPod、革命的携帯電話、画期的ネット通信機器。
> おわかりですね？　独立した3つの機器ではなく、1つなのです。
> 名前は、iPhone。アップルが電話を再発明します。

「iPhone」という新製品が画期的であることを印象づけるために、iPod、携帯電話、

ネット通信機器という聴衆の頭に入っているものの「足し算」として説明しているんです。

カタカナ多用のプレゼンは、「共感ゼロ」！

もちろん、「足し算する」だけでモノが売れるほど単純ではないでしょう。

その時代のトレンドと掛け合わせたり、引き算をしたり、といった工夫はいります。

しかし、これが相手の頭の中で編集可能なものの組み合わせである限り、納得感が損なわれることはありません。

よく、難しい横文字を多用して、わけのわからないプレゼン（本来の意味ではこれはプレゼンではなく、ただの説明／エクスプラネーションなのですが）をする代理店や企画会社の人がいますが、それは、この新しいルールがわかっていないからです。

共感される話し方＝相手が知っていることプラスα《アルファ》。斬新すぎるアイデアは、かえって恐怖を呼び起こす。

03

新しい話し方のルール③

初対面では「肩書きなし」で話す

○名刺を出すと、印象が弱まる

3つめのルールは、初対面の相手と話す場面で使います。初対面の相手と出会ったときに、あなたは、どんな行動をとるでしょうか?

ビジネスパーソンの場合には、迷わず名刺を出す人が多いはずです。最近は就活中の学生でさえみんな「副部長」とか「マネジャー」などという名刺を準備して臨むので、日本中で名刺が飛び交うことになります。

でも、ちょっと待ってください。

じつは、**先に名刺を出すと、あなたの印象はかえって弱まってしまいます。**

名刺をわたすと、初対面でスルーされる

相手は**「ああ、この会社の、この程度の役職の人なのね」と情報を頭の中で処理してしまう**からです。印象を残すには、相手の頭の中で、何かが引っかかる必要があります。「面白い人だな」とか、「ここは私と共通点があるな」とか、「これを覚えておこう」というように、印象に残すためには情報が相手の中で編集される必要があるのです。

○「つかみ」はその後の話を続けるための道具

いま名刺の代わりに有効なのが、関西でいうところの「つかみ」です。私がここで使っている「つかみ」とは、ただインパクトを出すとか、面白おかしく話すギャグとはまったく違うもの。相手との信頼関係をつくるための道具です。

もう1000回近くやっている講演会の冒頭で、いつも自己紹介代わりに、私が歌手の誰に似ているか、参加者のみなさんに当ててもらいます。

毎回毎回、ほぼ「さだまさし」さんでそろいます。

その後「リクルートのさだまさし」が、27歳のときにご本人と偶然遭遇し兄弟仁義を交わしたこと、47歳からは東京都で義務教育初の民間人校長となって「教育界のさだまさし」に脱皮したことを語る流れがすっかり定番になってしまいました。

顔が似ているというだけで「教育界のさだまさし」を語るのは安易と思われるかもしれませんが、このメリットは計り知れません。

まず、たいていの人にとって初めて会ったのになぜか「懐かしい」気がするということは、**相手に「敵」だと判断されて反発されるリスクを減らします。**講演会でいえば、「さだまさし」さんを知っていて私の顔を見て笑っちゃった人は、**その後の私の話が聞きやすくなる**はずです。

初対面の人の「つかみ」をとることで、その後の話が何倍も聞いてもらいやすくなるのです。

肩書きだけを話す人は「スルー」されてしまう。「つかみ」がとれればその後の話がしやすくなる！

04

新しい話し方のルール④

強みではなく「弱み」をさらけ出す

人は自慢話より失敗談が好き

自分の「弱いこと」「マイナスのこと」をいかに面白く話すかに、その人のコミュニケーション能力の神髄が表れる、といったら驚くでしょうか。

研修で、ペアになった2人で向き合って対話型のプレゼンの練習をするとわかるのですが、**相手がずっと自分のPR（自慢話）を続けていると、聞くのに疲れてしまう**ことがあります。2～3分なら心地よいのですが、それが20～30分続いたらどうでしょう。2～3時間続いたら、もう耐えられない。

ましてやいまは、何もしなくてもテレビやインターネット、街中などあらゆるところから「私（あるいはこの商品）はこんなに素晴らしいんですよ！」というPRが流れてくる時代。みんな、自慢話をされることに、疲れ果てているのです。

逆に、相手が弱みを吐露してくれる場合には、思わず身を乗り出して聞き入ってしまうようなところがある。私たちは、相手の自慢話より、失敗談を聞くほうが好きなんですね。自分にも、そんな弱みや失敗があったように思えて共感できるし、その結果、相手に対して親しみが湧くからでしょう。

芸人さんの「自虐ネタ」に思わず笑ってしまうのは、まさにこの「弱みをさらけ出す」テクニックを使っているからでしょう。

◎リクルートの「採用の神様」がしていたこと

このルールを利用して採用に活かしていたのが、リクルートで「採用の神様」とうたわれた男でした。

当時はオーナー社長がダメだと言ってもその彼がOKを出したら採用すべし、という暗黙のルールがあったほど。彼が合格とする人材が、入社後にそれだけ伸びたことの証でしょう。なぜ彼は、コミュニケーション能力が高く、常に置かれた新しい環境から学ぶ力が強い「伸びしろ」のある人材を見分けることができたのでしょうか。

採用の神様と呼ばれた男がやっていたのは、**「弱み」の徹底したヒアリング**でした。まず、面接の最初の第1週には、本人がしゃべりたいように自由に大学時代のことなどを話させます。

大学3年生になると名刺をつくって、突然「部長」「副部長」「マネジャー」が増産されますよね。みな、大学では何をやってきたのかを聞かれると思って、力んで「私《わたくし》は、こんなことをやってきました。あんなこともやってきました」と語ります。もちろん、そんな自慢話もたっぷり聞いてあげます。でも、人間というのは、近い過去のことはいくらでも嘘をつけるんですね。

◎失敗、挫折、病気を話せ

次の週にもう一度呼び出し、今度は高校時代のことを聞きます。その次の週には中学時代のことを、さらに4週目には小学校時代のことを根掘り葉掘り聞き出していくのです。そして、だんだん「プラス（強み）」よりも「マイナス（弱み）」についてのインタビューを増やしていきます。そうすると何がわかるか？

人間って、遠い過去のことは嘘がつけない。というわけで、そのころの**失敗、挫折、そして病気**のことを聞き出すわけです。すると、小学校の転校直後のいじめ体験、骨を折って試合に出られなかったこと、中学時代、初恋の相手に告白したあとの気まずさ、大失恋のあとニキビで悩んだこと、校舎の屋上に上ってめちゃくちゃ叱られた事件などが語られます。

そうした**マイナスモードの話を面白おかしく語れるかどうかに、その人物のコミュニケーション能力がもっともよく表れる**のです。失敗や挫折を面白おかしく語れるということは、本人がそれをすでに乗り越えていることを意味します。さらに、相手を意識して語れる能力があることもわかります。

自己PRは聞き手を疲れさせる。自分の弱みをいかに面白く話せるかが勝負！

05

新しい話し方のルール⑤

話す前に「聞く」

○聞かない限り、有効な話はできない

初回からのヒアリングがいかに大事か、これは何度強調しても足りないくらいです。絶対に、いきなり話し始めてはいけません。

もし、**私にプレゼンの時間が1時間与えられたら、57分間、相手のことをヒアリングすることに割き**、頭の中で大事な要素を再構成して編集し、最後の3分間でそれを組み合わせてプレゼンします。

なぜヒアリングが大事なのか。それは、「相手の頭の中」を知るためです。

初対面の相手に対して行なうプレゼンならば、まったく知らない相手の頭の中にあ

1時間あったら57分間はヒアリング！

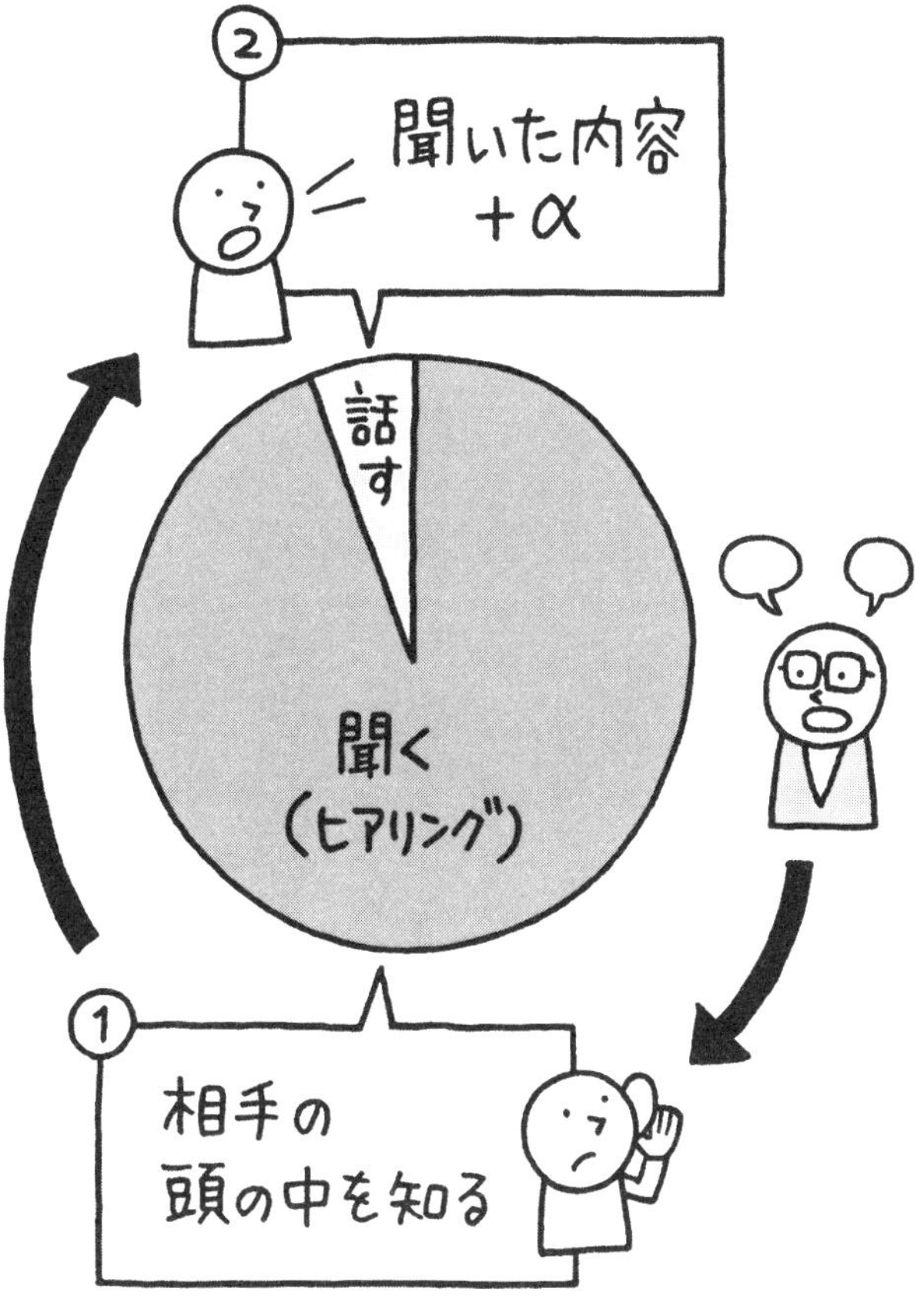

る世界観を想像して勝負するしかありません。イマジネーションの勝負なんですね。

でも、何度かミーティング機会があってのプレゼンだったら、その間に一番大事なのは、プレゼンの条件を聞くことと、相手の、とりわけ**キーパーソン（意思決定者）の世界観を徹底したヒアリングによって確かめる**ことです。

◎相手から聞いたこととプラスαで話を組み立てる

たとえば商品コンセプトについて、保守的なものと斬新なもののどちらを重視しているのか。相手が60代のおじさんなので保守的だと決めつけていたら、当初のこちらの思い込みに反して新しいもの好きだったとか。広告や販売戦略では、過去のトラウマで「〇〇」というコピーは禁句で、「△△」は、ちょっとリスクはあるけど企画のスパイスとしては必要かな……とか。

こうしてヒアリングした結果、相手から聞き出した内容を盛り込んで話をすれば、納得感が高まります。あとはプラス「α」、つまりあなたらしい味わい（あなたの会社の強みやコアになる技術）を掛け合わせることで、プレゼンの成功率は必ず高まるでしょう。この「α」に相手にとってのサプライズ要素が含まれていると、インパクトは絶大です。

プラス「α」をもっていることは、素晴らしいことです。でも、それだけでは受け入れてもらえません。多くの人が、この「α」の部分のみを強調しようとして失敗してしまうので、注意が必要です。相手から聞くのが9割。このことを肝に命じてください。

いきなり自分が話したいことを話しても響かない。1時間あったら57分間はヒアリングせよ！

テクニック1

頭のノートを開かせる

就職や転職、入学のための面接で、最初に「当社（本校）を志望する理由は何ですか？」と面接官から聞かれることが多いと思います。

大学生なら、慣れない敬語を使って、しかも「御社《おんしゃ》は」とか「私《わたくし》は」とか特殊な用語を駆使してなんとか答えることになるでしょう。でも、直前まで練習して覚えていたのに、本番では頭が真っ白になって、ろくに答えられなかったという失敗談もよく聞きます。

このようなケースでも、自分が覚えてきたことをたんにレコーダーのように再生するのではなく、「相手の頭の中に書く（描く）」という感覚で臨むほうがうまくいきます。相手の頭の中とリンクして、その中にあるノートに書く（描く）イメージを持ってください。

入試の面接に臨む和田中学校の生徒には、次のように教えていました。

もし、理由が3つあるんだったら、初めに、

「理由は3つあります」

と相手の目を見てゆっくり答えなさい、と。本当は、指を3本立てて相手に示しながらだとなお効果的です。「理由は2つあります」なら、チョキを出せばいいですね。

そのようにすると、面接官の頭の中のノートが開かれて、そこに1、

2、3、とナンバーが振られます。あなたから聞いたことを順番に箇条書きで書き込めるように、スペースが用意されるわけです。こうしておくと、聞く側にとって聞きやすいというだけでなく、話す側も、その1、2、3のスペースに中身を入れていけばいいだけですから、話しやすくなるものなのです。

たとえば「本校を志望する理由は何ですか？」と聞かれたら、

「はい、理由は3つあります。**1つめは**、図書館が気に入ったからです。ここなら勉強や調べものがはかどると思いました。**2つめは**、学校説明会で見学したおりに案内してくれた先輩がとても優しかったからです。**3つめは**、中学ではできなかったユニークな部活動をやりたいと思っていて、弓道部が盛んだというので興味をもちました」

というように順番に答えればいい。いろいろ混ぜて言うと自分でも混乱してきますから、一つずつ、並べてしまえばいいんです。そのほうが相手も理解しやすくなります。

すっかり緊張しちゃって頭が真っ白になり、最初に「3つあります」と言ったのに2つしか思い出せなかったような場合には、「スミマセン！　頭が真っ白になって、3つめは忘れました」と正直に告白すれば面接官も笑っちゃうでしょう。そうすれば、逆に場が和みますから、それ以降、やりやすくなる可能性もあります。

自分の状態を実況中継することで時間を稼げれば、本来の自分を取り戻すこともできると思います。

1章のまとめ

- 最近話が通じないのは、話し方のルールが変わったから。
- これからは「相手の頭の中」を意識して話すことが必要。
- いまは、話しベタのあなたにとってチャンスの時代！

2章

共感させる

もう
「独り言」では
通じません

06

カラオケで歌うように人と話してはいけない

◯ツイッターもカラオケも「独り言」でしかない

相手を共感させる。そのためには、あなたが相手を「他者」として意識することが大前提になります。

カラオケを歌っているときに周りに人がいても、気持ちよくエネルギーを発散しているだけで、「独り言」のレベルを超えないことが多いのではないでしょうか。ブログやツイッターを書くときも、他者を意識しているとはいえないでしょう。

でも、相手から信頼や共感を得られるコミュニケーションを目指すのならば、「他者」を意識し、**他者の頭の中は自分とは違う回路でできていることを前提にしなけれ**

ばなりません。違うからこそ、その相手の世界観を理解しようとすることが大事なんです。

◎「内輪《うちわ》の会話」「表面的な会話」で仕事は成功しない

「いや、自分は自分の話がわかってくれる人とだけ話せればそれでいい」「とにかく今日食べたものをツイッターでつぶやきたい」という人もいるでしょう。私はそれを否定しません。でも**「内輪ネタ」や「表面的な会話」を続けていると、残念ながら仕事で成果は出せない**、ということは断言しておきましょう。私自身、仕事仲間が友人になることはありますが、「ただの飲み友だち」と仕事をしないのは、それが理由です。

いまの若い世代は、「セルフエスティーム（自己肯定感）」が低いので、まず「自分が傷つきたくない」気持ちが強く、だからこそ「人を傷つけること」を極端に恐れているところがあります。

そうなると、突っ込んだ会話や、個人的な質問は相手を不快にするリスクがありますから、お酒を飲んだ場でも避ける傾向が強い。「ＡＫＢ48が……」とか、せいぜい共通の敵をつくって「あの上司はさあ……」と悪口を言い合うとか。それでは、お互いの共通点でさえ、なかなか見えてきません。

「若い人は」と書きましたが、この変化は、どの世代にも起こっていること。スマホがあれば、ひと言も口をきかなくても1日が終わる。つまり、本気で相手と向き合わなくても、表面上のコミュニケーションは成立してしまう時代なのです。

でも、お互いの共通点も知らない、何を考え、どこへ向かおうとしているかもわからない人に、あなただって協力しようとするでしょうか？

仕事は、どれだけの人が自分の味方になってくれるかが勝負。独り言の応酬ではうまくいかないことを、肝に銘じてください。

仕事で成果を出したいなら、まずは「独り言」をやめてみよう！

07 相手の頭の中のモノに「たとえる」

相手の頭の中にあるたとえを使う

何かをお願いしたり、プレゼンしたりするときには、なるべく相手の頭の中にすでにあるイメージを使うとすんなり受け入れてもらえます。

究極の話をすれば、相手の頭の中にある要素だけを組み合わせてあなたのプレゼンを行なえば、相手はそれを自分自身の考えのバリエーション（展開例）にすぎないと考えますから、圧倒的にプレゼンが通りやすくなるはずです。

この企画は自分のイニシアチブ（主導権）でできたもので、無理矢理説得されたものではないと信じられるからです。

だから、ビジネスパーソンにとって「たとえる技術」は、すごく大事なノウハウになります。

○多くの人に伝える場合は、誰でも知っている言葉を使う

たとえるというのは、どんな言葉でその本質を象徴するか、ということ。

一発でわかるのが理想です。もちろん、相手の理解力の問題もありますから、広く一般に知らしめて納得してもらいたいときには、できるだけやさしい比喩を使うべきでしょう。

私が子育てをテーマに講演するようなときには、「ナナメの関係」というキーワードをよく使います。

子どもの人間関係に重要な、おにいさん、おねえさん、おじさん、おばさん、おじいちゃん、おばあちゃん役（直接の利害関係のない第三者／役であって血がつながっていなくてもよい）との関係性を「ナナメの関係」と総称しているのです。

これに対して、親と子や先生と生徒の関係を「タテの関係」と呼び、友だち同士の

関係を「ヨコの関係」と呼んでいます。

このように整理すると、少子化して核家族化した社会で、さらに地域社会が崩壊すると、親子の「タテの関係」が強まりすぎることがわかります。

また、親にきつく叱られたり、学校でいじめられたりする厳しい局面では、むかしなら兄弟が緩衝材になったり、地域社会にいるおばさんがかばってくれたり、おにいさん役がいなしたり、おばあちゃんが癒してくれたりしたはずですが、「ナナメの関係」が不足している現代の子どもたちは、ダイレクトにタフな状況にさらされたまま、守られる居場所がなくなってしまいがちなのです。

だから、人間関係の揺れに弱くなる。

◎人間関係を「家」でたとえると……

この「ナナメの関係」の重要性について説明するために、私はよく家のたとえを示して解説します。

「ナナメの関係」を家でたとえると……

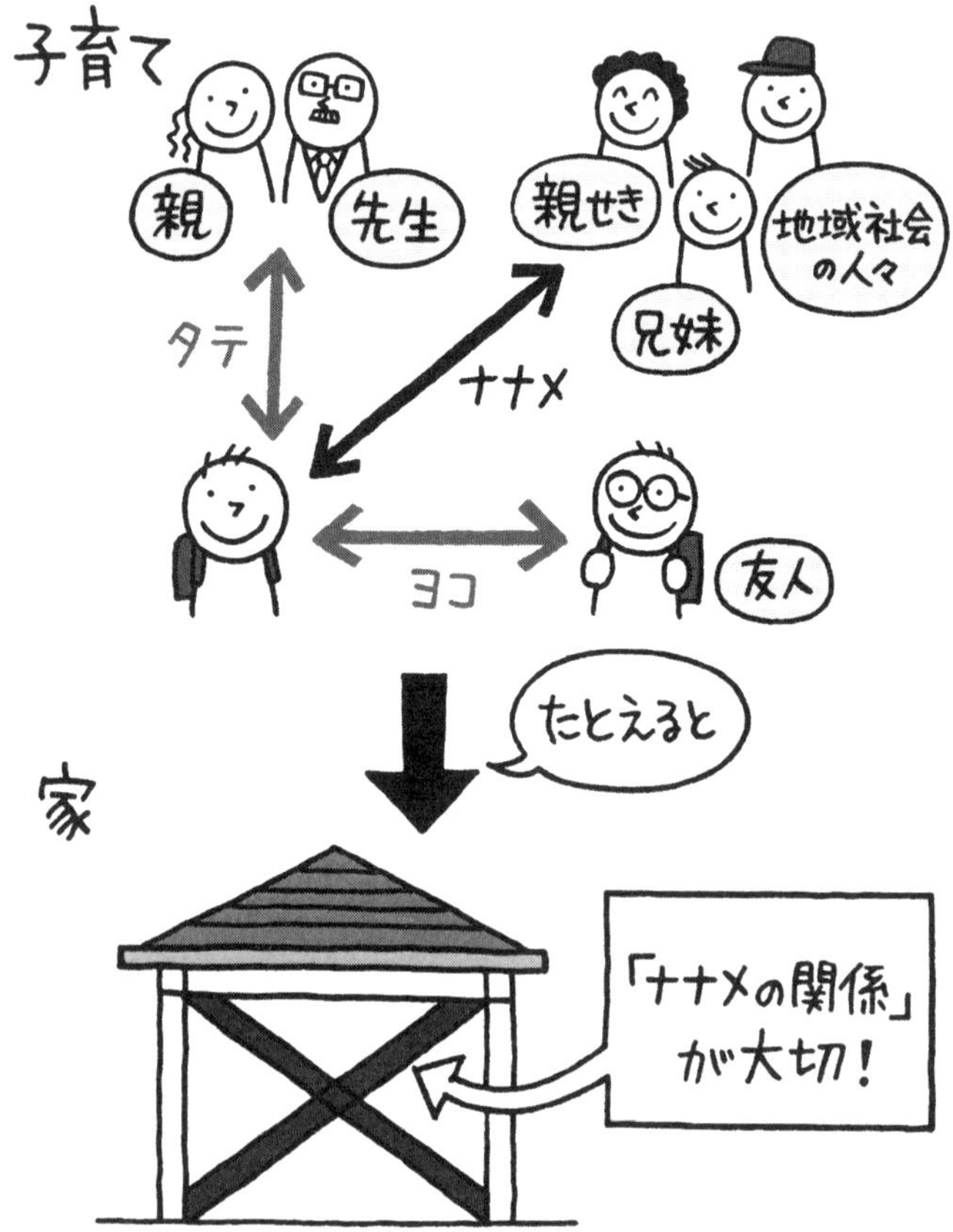

「家だって、『タテの関係』＝柱と、『ヨコの関係』＝梁《はり》だけで建てたら、振動が加わっただけで（地震があっただけで）倒れてしまうでしょ。だから『ナナメの関係』で支えて補強するんです。筋交《すじか》いの役割ですね。そうすれば、ちょっとくらい揺れがあっても壊れたりしないはずです。兄弟姉妹が少なくても、一人っ子でも、息子さん、娘さんに『ナナメの関係』の人物をなるべく豊かにくっつけてあげてください。そうすれば、人間関係の揺れにも強い子に育ちますから」

よく使われる東京ドーム何個分とか、東京スカイツリーとの高さ比べも、量や高さを私たちがわかりやすいように比較する有効な方法の一つです。

相手の知っているモノ、あるいは、誰でも知っているモノにたとえよう。

08

自社がマイナーなら、大企業に乗っかれ！

○もし自社がマイナーだったらどうする？

たとえる技術は、いろんな場面で応用可能です。

私はかつてリクルートのフェロー時代に、「ミスミ」という会社から相談を受けたことがあります。業界では有名な実力ある会社なのに、思うようによい人材が集まらなくて困っているというのです。なにしろ、金型業界というBtoBの会社なので無理もありませんでした。リクルートの社内でも、**担当営業マンがこの会社のすごさをどう語っていいのか、困っていた**くらいです。

それまで熟練工に頼っていた金型生産を、型を共有化し合理化することでカタログ販売したのがこの会社の付加価値の源泉でした。玄人ウケはするのですが、学生たちはもちろん、他業界のビジネスパーソンにさえ、なかなか理解されません。

○「ミサワホーム」なら多くの人の頭の中に入っている

そこで、私が説明に使ったのが**「金型のミサワホーム」**というフレーズです。

熟練の大工が在来工法で家を建てるのではなく、共通部材を工業化して現地で合理的に組み上げるというミサワホームが開発したプレハブ建築は、開発当時は画期的で有名な手法でした。そこでミスミのビジネスモデルを、プレハブ建築にたとえたわけです。

これで、どれだけすごい会社なのかという周囲の理解がぐっと進みました。

自社や自分に武器がなければ、「大企業」「大物」を利用しよう！

09 相手を「外国人」だと考える

○夫婦も自分の子どもも「外国人」

日本人相手でも、話が通じないということがよくありますよね。

取引先の人と話が通じてると思って仕事をやっていたら、全然通じてなかったとか。職場の後輩に、1言えば10は無理でも2から3はわかってくれるだろうと期待していたら、結局0・1しか伝わっていなかった……とか。

私は、こういうときには、相手は外国人なんだと思うことにしています。異なるカルチャーの中で育てば、異なる思考回路をもち、異なるコミュニケーションのモードで生きていて当然ですから。

もはや**日本人はみんな同じことを考えていると思うほうが勘違い**というものです。夫婦だってそうだし、子どもだって20歳を超えれば「身内」というより「他者」だという認識で家族を維持したほうがいい時代です。

◎同じ「白」でも人によって感覚が違う

私がこのことに気づいたのは、〝本物の外国人〟とやりとりをしたことがきっかけでした。

先日、私が開発したハードシェル型リュック「大人のランドセル　ＥＭＵ《エミュウ》」がカタログ販売会社のリンベルから発売になりました。この商品は、スーツケースのように樹脂でつくったハードシェル部分のシェイプが命です。

まず、知り合いの３Ｄ制作会社に依頼して、私が理想とするシェイプを３Ｄソフトで描いてもらい、それを３Ｄプリンターの会社に成形してもらうことになりました。生産の前にプロトタイプ（試作品）をつくってイメージを共有するためです。

３Ｄプリンターの技術では世界トップレベルのマテリアライズ社に頼んだのですが、

データを本社のあるベルギーに送って、成形後に色を塗って加工した上で、送り返してくれる手はずでした。

3Dプリンターで削ったあとの樹脂は細かいギザギザが残って見栄えがよくないので、改めて表面を磨いて塗装することでプロトタイプとするわけです。

マテリアライズ社の東京の担当者に「何色に加工しますか?」と聞かれたので、「アップルの製品のような透明感のある白」と答えたのですが、「それではわかりません」と返されてしまいました。

つまり、ベルギー側の塗装工がわかる言葉で伝えないと、あなたの思った色に仕上がってこないですよ、ということ。同じ「白」でも何十種類もあるから、日本語の世界観の中で「純白」とか「雪のような白」とか「花嫁衣装のような白」では、わからない。「ベルギー側の塗装工」の頭の中に、その色を描かなければならないからです。

結局、パソコン上の色見本から「ピュアホワイトの何番」というコードで伝えることになりました。

同じ色でも、人によって感じ方が違う

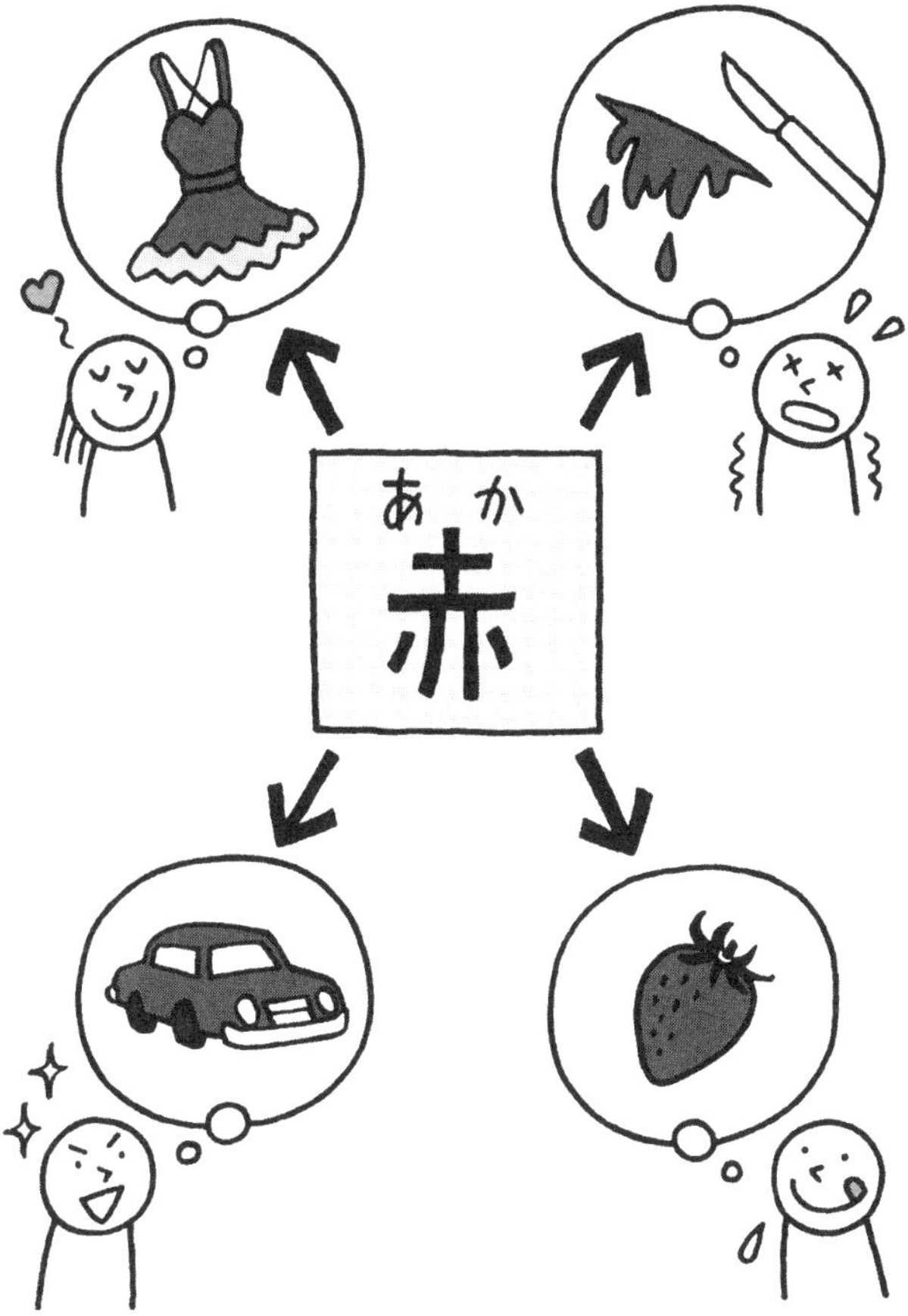

○9割の会話は伝わっていない！

遠く離れた外国人にもわかる言い方をしないと、伝わらない。

自分の事情で語るか、相手の事情で語るか、の違いですね。この一件を通じて、**日本人同士でも同じことが起こるはずだし、極端にいえば、たいていの会話は相手に誤解されて伝わっている**と考えたほうがいいな、と実感しました。

相手の頭の中で、言葉が勝手に変換されてしまうからです。

だから、話を通じさせたいなら、日本人同士でも、相手の頭の中とリンクする努力が欠かせません。

「話は通じている」——この思い込みを捨てると、話が通じる。

10 子どもが勉強を始める魔法の言葉

○「勉強するのは常識！」では、子どもは動かない

子どもが「なんで勉強しなきゃいけないの？」という問いかけをしてきたら、あなたなら何と答えるでしょうか？

自分の子の場合もあるでしょうし、親戚の子（甥《おい》っ子や姪《めい》っ子）、近所の子の場合もあるでしょう。けっこう、難問ですよね。

「うるせえな、勉強はするもんなの！　しなきゃバカになるの!!」というのが一番乱暴な答えかもしれません。

「将来に備えて、いまから勉強しておくときっといいことがあると思うよ」はいい線

いってますが、「将来っていつのこと?」「そんなの待てないよ」「人生なんてどうなるかわからないしさ」「いいことって何?」と次々に突っ込まれそうです。

「勉強するのは子どもの仕事。それが常識なの、常識!!」は一見正しいように思えますが、やはり大人の論理であって、子どもが納得するとは思えません。**正しいことを言っても共感してもらえない。**これは、大人の世界でも同じです。

◯勉強をすると「経験値」が上がる!

この場合は、相手がどんなふうに遊んでいるか、どんな勉強なら楽しいのかを想像し、その世界観の中で語る練習をしてみてください。世界観の異なる相手、文化的バックグラウンドが決定的に違う相手とのコミュニケーションには、この想像力《イマジネーション》が欠かせません。

私が試みたのは、彼らが常日ごろから親しんでいるゲームの中の「経験値」で語ること。

勉強は「子どものメリット」に置き換えよう

「勉強というのは、キミの経験値を高めるためにするものだ」

という解説です。

「経験値」というのは、ロールプレイングゲームをするとき、主人公の成長とエネルギーレベルを確かめられる数値で、通常は画面の隅に表示されています。冒険をし、敵と戦ったり、怪獣をやっつけたり、剣を手に入れたり、賢者に話を聞いたり、レベルアップするごとに増えていきます。増やしていかなければゲームのステージが上がらないので、「経験値」は、主人公の人生のエネルギーレベルを表すような数値だといえます。

ゲームによっては、「熟練度」という言葉を武器や魔法の経験値の意味で使用することもあるようです。

子どもの頭の中で、「勉強すること」と「経験値を蓄積すること（たんに経験を積むことではない）」がつながれば、勉強することの納得感が高いのではないでしょうか。

子どもを納得させるこの技術は、部下に何かを頼むときにも使えますので、ぜひ試してみてください。

「勉強しなさい！」では通じない。
相手が「何を楽しいと思うか」を考え、そこから話そう！

11 お願いごとは相手の「メリット」に変換する

○どうしたら、駆け込み乗車がなくなるか？

相手に何かをお願いするときにも、「共感」を得ることを考えるとうまくいきます。

たとえば、こんな、どこにでもある日常の場面では、どうでしょう。

ＪＲ山手線のラッシュ時には、ドアが閉まる間際に駆け込みで乗ってくる乗客に対して、「危ないですよ」という注意のアナウンスが車内に流れます。アナウンスする車掌さんにもよるのでしょうが、その注意の仕方にけっこうキャラの差が出るんですね。あなたも、今度注意して聞いてみてください。

ではあなたなら、どんな言葉で危ない駆け込み乗車をする客に注意しますか？

駆け込み乗車を減らすには？

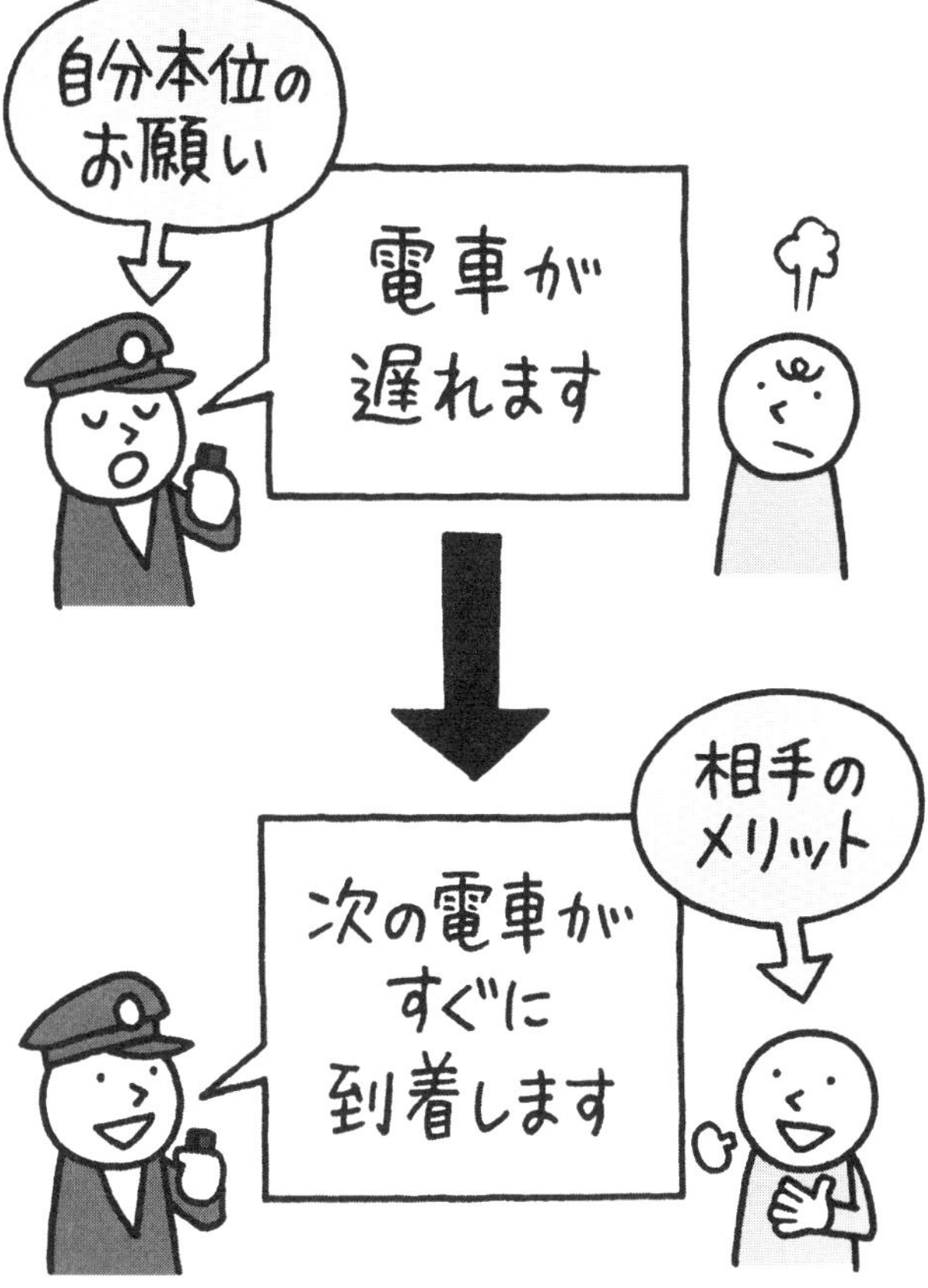
自分本位の
お願い
電車が
遅れます
相手の
メリット
次の電車が
すぐに
到着します

○こちらの事情より、相手のメリット

私が実際に聞いた例では、

「電車が遅れます！」

「ドアが閉まります！」

というアナウンスがありました。

事実そうなんでしょうけれど、**言われた乗客は「そっちの事情でしょ」と反発**してしまうかもしれない。いろんなバリエーションがあっていいとは思いますが、

「次の電車がすぐに到着します」

「次の電車、隣の○○駅をすでに出発しています」

「整列乗車にご協力ありがとうございます」

などと、目的地に急ぐ相手の事情に寄り添った表現がよいでしょう。

自分の頭の中のお願いごとは、そのまま言わずに一度、相手の「メリット」に変換する。このひと手間で、共感が得られて話がどんどん通じるようになります。

「えっ、そっちの事情でしょ」と思われたらアウト。どんなに無理なお願いでも相手の「メリット」はある！

12 共感の達人、テリー伊藤さんのすごいひと言

◯いじめられている子に「いじめっ子は許せない」と言っても意味がない

世間には、通じない言葉で独り言をしゃべっていたり、放送したり、講演している人たちが意外と多いです。大学でも、聞き手の学生の興味をまったく無視して、文字どおり上から目線で自分のノートを読み上げるだけの教授も相変わらずいます。

いっぽう、テレビやラジオのコメンテーターは、自分勝手に意見を言っているように見えますが、じつは違います。**テレビやラジオというメディアを通して、視聴者の言いたいことを代弁している**人が意外と長持ちするんです。

演出家のテリー伊藤さんは、私がもっとも敬意を表するコメンテーターの一人。い

じめ自殺事件が相次いだときに日本テレビの情報番組「スッキリ!!」などでご一緒したのですが、ちょっと感心しました。

たいていのコメントは、本当にめちゃくちゃいじめられていて苦しい立場にある子にはききません。

「いじめっ子は許せない」
「なぜ親が気づかないのか」
「先生はもっと心を開いた指導を」

……と並みの評論家は口をそろえますが、こういったきれいごとでは現実は何も変わりません。いじめられっ子も救われない。

いじめられっ子から共感を得た言葉

テリーさんはあえて

「いじめられている子たちは、もっと本を読むのがいいんじゃないか」

正論だけでは相手に通じない

とコメントしたのです。一見、いじめとは何の関わりもないように聞こえるかもしれませんが、実際に校長をしてみてわかったことですが、いじめられている子にとっては、これは間違いなく現実的な対処策の一つなんです。

視野を広げて魅力的な世界観を手に入れることができるからです。**相手（いじめっ子）の土俵ではなく、モードを変えて違う世界に踏み出す**こと。自殺して行く死後の世界ではなくて、もっと面白い世界が現実にあることを知るために本を読みましょう、と。それが、きついいじめへの対処にもなりうるということを、テリーさんは知っていたのだと思います。

共感の達人は、「きれいごと」を言わない。

13

協力してもらえないときは「相手が足りないもの」について話す

○ただ、頭を下げてもダメ

最初に味方が得られない状況は、あなたも何度か経験しているはず。けっこうキツいですよね。子どもの頃の仲間はずれやいじめはともかくとして、社会人になってからだって、職場で孤立したり、協力が得られなかったり、個人的に危機的状況に立たされることはままあることだと思います。

新しいチャレンジをする人は、この孤独感に耐えられないとやっていけません。なぜなら、新しい事業には、人から無視されることがつきものだからです。

校長になった当時、マスコミからさんざん「現場の先生たちの抵抗が大変だったでしょ、超保守的だから」と尋ねられましたが、私は「新規事業と同じだから、2〜3年受け入れられないのは当たり前じゃないですか」と答えていました。
かたくなになっている人に「お願いします！」といくら頭を下げたところで、相手の気持ちは変えられないのです。

◎相手の弱みを、いかに補うか

でも、だんだん教師の中にも味方を増やしていかないと、子どもたちの未来を拓く仕事が滞ってしまったり、スピードが削がれたりします。どうやって話したら、先生たちが味方になってくれるか？　さんざん考えました。そこで私は、

「**クレームはすべて校長の私が最初から対応します。すべて私に任せてください**」

と宣言しました。

学校の常識では、まず担任が対応し、ダメだったら学年主任。次に生活指導主任が出て行って、それでもダメなら教頭が対応する。最後の最後に校長が出て行くという5段構えなのです。いっぽう、私企業の常識では、それでは問題がこじれるだけだと判断します。クレームには、最初に一番偉い人物が出て行って処理したほうが良心的だし早い。実際にそのほうがリスクもはるかに減らせます。

○「怒鳴る」も戦略的に

朝、保護者からかかってきた明確な理由のない電話も、地域社会からのクレームも、児童相談所からの問い合わせも、すべて校長の私に回すよう指示しました。

また、上部組織の教育委員会ともめたこともあります。朝読書の時間を総合学習の時間へ算入する件や、卒業式の日程の件で教育委員会とやり合うときには、**わざと校長室でやらないで、職員室の電話で怒鳴ったりして、**教師のために闘う校長像を見せつけたりもしました。

協力してもらえない相手との話し方

お願いする
協力してください!
イヤだよ!

相手が足りないことを話す
私がクレームを引き受けます!
えっ

「この人は自分たちを守ってくれる」と信じてもらうためです。

相手の弱みは何か、相手が補いたいものは何か、相手が欲しているものは何かが、見えてきたら、**「それを自分が解決します！」と「宣言」する**ことが大切です。

先生たちの弱みは、生徒以外の大人からのクレームでした。

だから、それに立ち向かえる校長には、信頼が集まります。保護者があまりしつこく愚痴を言ってくるときや、名前を名乗らないクレーム電話への対応、あるいは途中で電話を切らなければならないときどう断るかなど、民間の知恵が活きる場所は、いくらでもあったのです。

その後、最初は心を開いてくれなかった先生方が、私に協力してくれるようになったことは、いうまでもありません。

「あなたの弱みを解決します！」と宣言しよう！
どんなに保守的な相手も味方に変わる。

14 ブログに「感想」を書いてはいけない

○素晴らしかったことを「素晴らしかった」と書いてはいけない

ブログをもっと読まれるものにしたいと願う読者のために、参考になる原則をお教えします。人に読まれる本を出版したい場合でも、同じことに注意が必要です。

結論からいいましょう。

「感想ではなく事実を物語れ」という原則です。

そのほうが相手の感情が動くからです。自分の感情を述べてしまうと、相手（読者）が感情移入できなくなってしまいます。だから、「素晴らしかった」「美しかった」「楽しかった」というような感情的な形容詞や形容動詞をなるべく使わずに、事実で「素晴らしかった」「美しかった」「楽しかった」ことを伝える工夫が肝心なのです。

◎立花貴くんのブログはなぜ読まれなかったか？

私の友人に立花貴くんという人がいます。東北出身で、本人は東京に妻と小学生の息子とともに暮らしていましたが、お母さんと妹が東日本大震災で被災。幸い無事だったのですが、立花君は復興を自分の人生におけるライフワークととらえ、一人だけ住民票を移して宮城県石巻市雄勝《おがつ》の復興に尽力しています。

初めは雄勝中学校の学びの復興に関わりましたが、牡蠣《かき》や帆立《ほたて》など養殖漁業の復興のために「株式会社　雄勝そだての住人」を設立して全国の産地直売のファンを組織化したり、最近では、廃校になっていた桑浜小学校跡を復興して、自然教育の拠点とする計画を進めていたりします。

さて、立花くんはすごいパワーで現地の復興を推進しているのですが、彼のブログ（http://ameblo.jp/tachibana87/）からは、残念ながらその努力が最初うまく伝わってこなかったのです。

というのは、彼自身がものすごく優しくて情が深い人物なので、ブログの文章も感情豊かな表現であふれてしまう。ときに美辞麗句が並んでしまいます。

たとえば、ある日のブログには、こういう表現がありました。

いらっしゃる方々は

震災後に出会った方、10年来、20年来の方々など様々です。

寝食をともにし、体験を共有し、大切な時間を過ごすことは

かけがえのない想い出、自分自身も新たな気づきの場となります。

謙虚さ

感謝心

人に喜ばれることを幸せと感じる

献身

本気

素敵な方々の行動指針の根本は同じであり、尊敬する方々はそのような行動指針がDNAに刷り込まれているようにも感じます。

また、その方々から

「凡事徹底」

という言葉があらためて浮かんできました。

◎とにかく具体的に、詳細に

あなただったら、この文章をもっとよくするには、つまり、もっと多くの人が読んで共感してくれるようにするには、どう直したらいいと思いますか？

私がアドバイスして、修正してもらったのが以下の文章です。

先週は東北電力はじめ電力各社で地域振興を担当されている方々、全国地方行政の現場で勤務なさっている役所の方々とご縁をいただきました。

また、海外からはSWEET TREAT311をご支援してくださっているジャパンソサイアティーの方々、首都圏からは企業経営者団体、関西からは以前の取引先である食品関連の企業経営者、そして、毎週末、個人ベースで来てくださっている霞が関・省庁の行政官など、各業界・各方面から、多くの方々が雄勝へ足を運んでくださいました。

平日は5－10人ほど、週末20－30人ほどになります。当然ですが、それぞれ育った環境やしつけられ方の違いで「当たり前の基準」が違います。

「当たり前の基準」

たとえば布団をたたむ、タオルをたたむなど、たたみ方、そろえ方は人によってまちまちです。しかし、以前あった状態を忘れず「来たときよりも美しく」という基準に照らし合わせてきっちりそろえてたたみ、角を合わせて重ねてくださいます。

来てくださる方々の行動から

「凡事徹底」

という言葉があらためて浮かんできました。

どこを変えたかというと、主に2点です。

①表現を具体的にする

「震災後に出会った方、10年来、20年来の方々」とは誰なのか、なるべく固有名詞で語るようにアドバイスしました。

②形容詞をなくす

詩的表現は立花くんの心の中で感じるのはいいのですが（感受性が豊かで人間としては非常に素晴らしいこと）、言葉で表現してしまうと、残念なことに、かえって読者が感情移入できなくなります。

形容詞や形容動詞をなるべく使わないようにして、事実を積み重ねて表現するのがポイントです。

とくにブログでは、事実だけを淡々と語るように留意したほうがいい。せっかく、やっていることの中身は濃いのに、薄く見えてしまうからです。

この2つのポイントは、「ブログを書く」ときだけでなく、「会話」をするときにも使えますので、ぜひ覚えておいてください。

ブログには「感想」ではなく「事実」を書け！

テクニック2

「英語頭《あたま》」の人を共感させる

英語圏の人＝「英語頭」の人とどうコミュニケーションをとるか。これは、日本人が海外でビジネスをしていく上で、ますます重要なテーマになりつつあります。つい、語学力にばかり焦点が合いがちですが、私たち日本人にとってもっとも難しいのは、**「英語頭」と「日本語頭」の考え方の違い**です。

私自身、37歳のときに家族を連れてヨーロッパに移住する直前、英文で履歴書を書くのにさんざん苦労した覚えがあります。日本語で書いたものを英会話スクールのネイティブに片言の英語で伝えながら、彼が理解できる内容の英語にしていったのです。

英語で履歴書を書くと、たとえば、どんなことに気づかされるでしょうか。

日本語では、よく履歴書に「あのプロジェクトに参加した」「この商品開発に関わった」「そのキャンペーンを推進した」という言葉遣いをします。私も『月刊ハウジング』という家を建てるユーザー向けの情報誌の創刊に関わったので、「『月刊ハウジング』誌の創刊に参加した」と書きました。

ところが、ネイティブには、これではわからない。何を具体的にやったんだと聞かれるんですね。戸惑いました。**英語の表現では「参加した」「関わった」「推進した」なんていうあいまい表現はないんだ、**と。

「あなたはいったい、何を具体的にやったのか。何の仕組みやシステムをつくったのか。それによって、どんな成果を挙げたのか？」に答えなさい、というわけです。営業をやったのか、編集をやったのか、システムをつくったのか、販売体制を築いたのか、広告やＰＲをやったのか、が問われたわけです。

なるほど、と思いました。

日本語の履歴書は、一般には、どの学校を出て、最終学歴は何で、その後会社に入ってからどのセクションに属していたか、いつ管理職になり、どのように出世し、現在の職位にたどり着いたかを記します。

いわば**「位置エネルギー型」**の履歴書です。

これに対して「英語頭」が求めるのは**「運動エネルギー型」**の履歴書。

「あなたは何ができる人なんですか？　どんな技術を身につけているんですか？　何を成し遂げた実績があるんですか？」。

ひと言でいうと**「あんた、何ができるの？」**に明確に答えることが要求されます。

こうした「英語頭」の考え方を知らないと、いくら英語が流ちょうでもネイティブにはまったく話が通じませんので、注意してください。

2章のまとめ

- 共感とは「相手が知っている」こと。
- 相手を「他者」だと意識しなければ、共感させられない。
- 周りの日本人を、全員「外国人」だと考えよう!

3章

つかむ

もう
初対面で「肩書き」は
使えません

15 初対面での話の9割は、スルーされている

○ニコニコして話を聞いている相手の頭の中は？

この章では、「相手の頭の中」がまったくわからない初対面の相手とどう話せばいいかについて、説明していきます。

人間には、動物であったころの（いまも動物の一種ではありますが）古い脳が残っています。だから、あなたの初対面の相手も、**出くわした目の前の動物（あなた）が敵なのか、味方なのかを見極めているの**です。もし、人間が社会性を身につけていなければ、あなたのことを敵だと判断した瞬間に襲いかかるか、逃げるか、どちらかの行動をとるでしょう。

あなたはいつの間にか「敵」だと判断されている

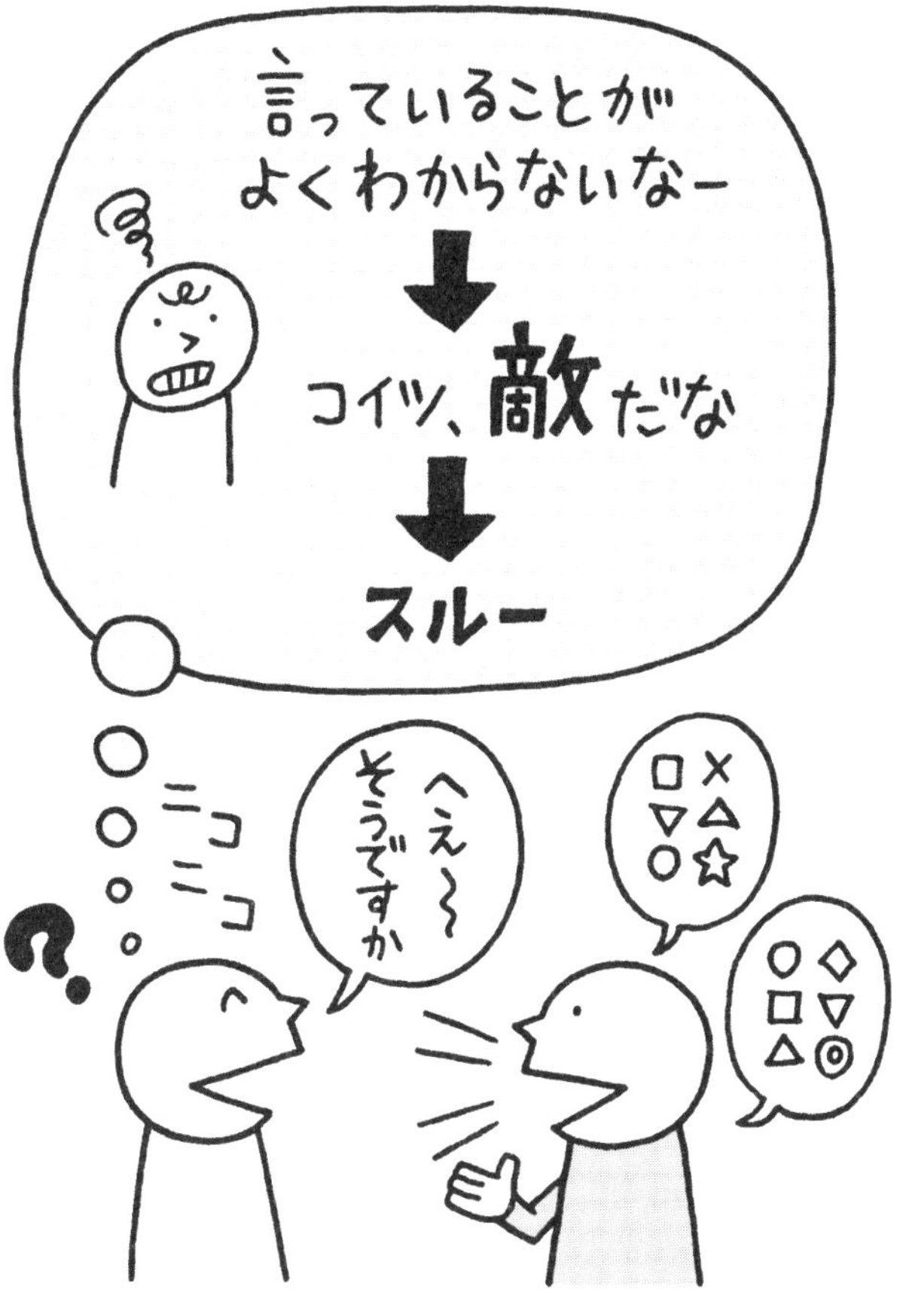

ところが、社会性を身につけたあなたの相手は、その判断（敵か、味方か）を容易には外に表しません。それが礼儀だからです。

ときには、**相手はとっくにあなたを「敵」と判断するか「関心なし」と決めているのに、表面上は「なるほど」とうなずいたり、「へー」とか「いいね」とか合いの手まで入れるので、すっかり誤解してしまう**ことがあります。

好意的に話を聞いてくれていると思って、自分の言っていることが理解されていると勘違いしてしまう。相手が「いい人」だと、たぶんにこういうことが起こります。

◎「味方」は無理でも「敵ではない」と思わせる

そして最後に相手から「わかりました。じゃあ、主人と相談してまた連絡します」とか「承《うけたまわ》りました。上司と相談してまた電話します」とか言われて、「これで説得が終わったな……ひと安心」と帰ってきたら、いつまでたっても連絡が来ない……。

営業をやっている人だったら、そんな経験はいくらでもしたことがあるでしょう。

これは、**相手とあなたの「頭の回路」がつながっていないのに商談に入ってしまう**

とよく起こる現象です。

初対面の相手と「その先の関係」を続けるためには、相手に少なくとも「敵ではない」と思わせなければなりません。そして最終的に「あ、この人は味方だな」と認識されたときに初めて、あなたの得意先への提案が通ったり、部下が言うことを聞いてくれたり、お客さんが契約書にサインをしてくれたりするものなのです。

初対面の相手は、たいていニコニコしているので要注意！
まずは、「敵ではないと思わせる」ことが先決。

16 相手の頭の中を「予習」する

○まったく情報がない場合

初対面の人と話すときは、基本的に「相手の頭の中がわからない」状態です。でも、本当にそうでしょうか。相手の補いたいものは何か／欲しているものは何か、相手の頭の中身を本気で「予習」してから、イマジネーション豊かに出逢うと、いろいろと話題が広がります。

だから、私は中学生が夢中になる**『スラムダンク』を1冊も読んだことのない校長を信用しません**し、最後まで読みもしないで『はだしのゲン』を批判する方々の評論を聞く気にはなれないのです。

事前の情報から、相手の頭の中を予習する

○有名人の取材は、じつはラク

会社の社長や著書がある人の場合は、**事前情報が多いので、この「予習」がラク**なはずです。ところが、私自身が取材されるケースでは、編集者や記者はめったにホームページを見てこないばかりか、著書に1冊も目を通してこない人までいます。

私が自ら開発した腕時計をしていても何も声をかけないし、同じく自分で開発したリュックを背負って現れてもピンとくる記者はあまりいません。

記者こそ上から目線で世の中を眺めていて、取材相手の頭の中身にもともと興味がないんでしょうか。それでは突っ込んだ取材ができるはずはないし、その後の深い人間関係に発展するはずがありません。

初対面でも予習すれば「つかみ」のヒントが見つかる!

17 「顔」でつかむ

◎なぜ、「さだまさし」を使うのか?

では、具体的な「つかみ」の例に入っていきましょう。実行するのがかんたんな順に、紹介していきますね。初めて遭遇する相手に、あいさつのあと、名刺を出す直前に行なうのが基本ですから、15秒から、長くても30秒の勝負になります。

あなた自身のテレビCMです。

1章で書いた、私の「さだまさし」の例を思い出してください。

自分の顔が有名な歌手に似ていることを遠慮なく使って、その縁を話せば「つかめる」私のケースは非常にラッキーだと思います。

◯「相手の頭の中にあるか」がすべての基準

ただし、気をつけてほしいことがあります。

相手がその有名人のことを知っているかどうか、ということです。知らない人に似てるでしょ、と言われてもシラケるだけですから。「沖縄の北島三郎です」と言われても、いくら国民的歌手とはいえ、「北島三郎」さんを知らない若い人にはチンプンカンプンでしょう。

だから、私も、**相手が小学生だったら、「さだまさし」さんの「つかみ」は使いません。**一部の子はお母さんの影響で知っているかもしれませんが、リスクが高すぎる。40代以上のＰＴＡが集う保護者の会なら性懲《しょうこ》りもなく使います。

もっといえば、相手が全員、韓国や中国の方々だったら、やっぱり使わないほうがいいですね。韓国語や中国語、英語などで翻訳を試みても、「日本の有名な歌手に似ているのですが……」と解説が回りくどくなるだけで、わけがわからないはずだからです。

「顔」が使える3条件

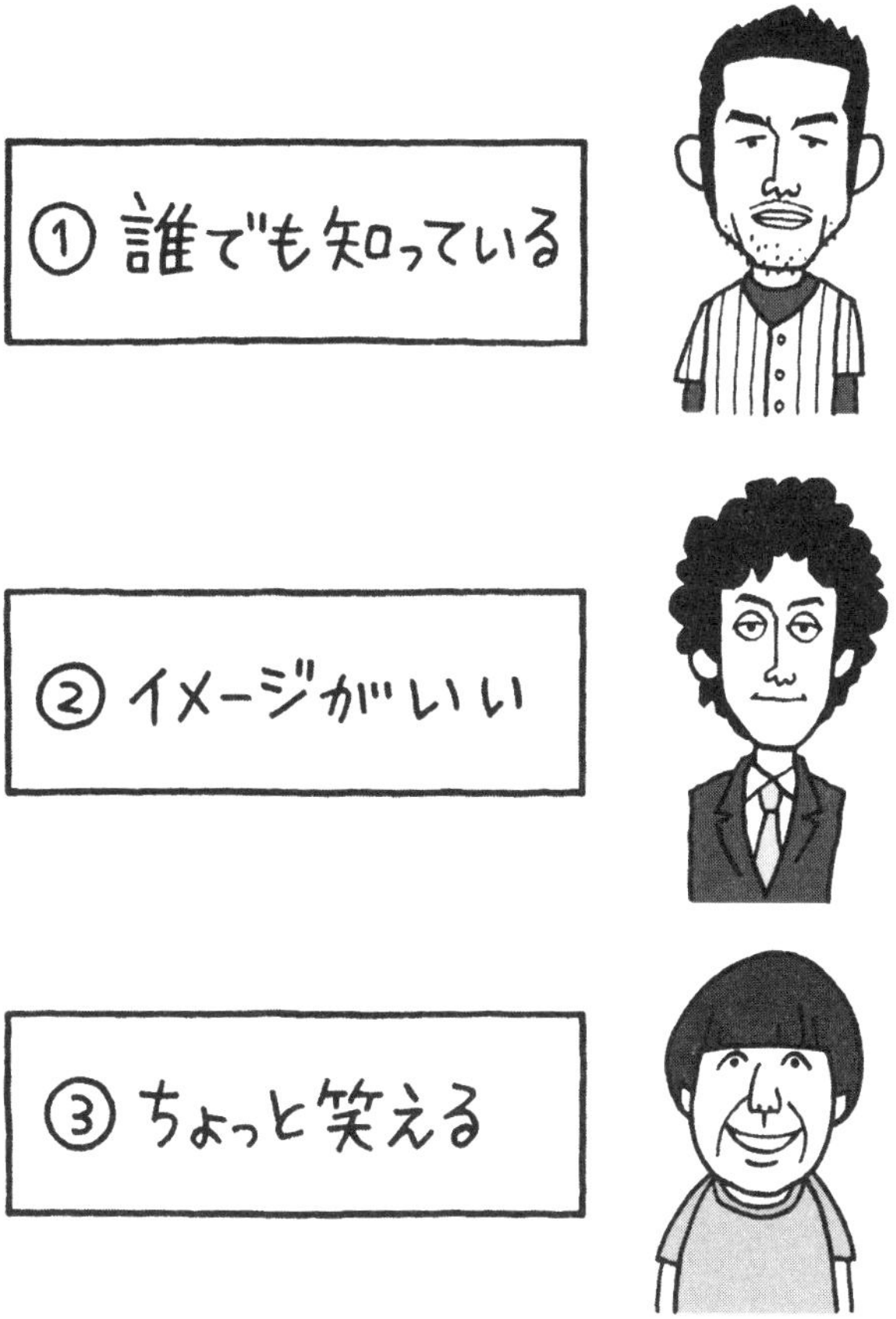

①誰でも知っている
②イメージがいい
③ちょっと笑える

なるべく「汎用性のある顔」を使う

私は、多くのみなさんの頭の中にあらかじめ「さだまさし」さんのイメージがあるから、それをいじることで「つかみ」をとることができました。もし、「さだまさし」さんのイメージがない人であれば、この「つかみ」は失敗に終わります。

似ているのが有名人とはいっても、評判の悪い政治家だったり、事件を起こしたタレントだったりすると、使えませんから注意してください。

そういう意味では、「さだまさし」さんは幅広い層にいい感じで人気がある上に、なによりロングセラーです。私より3歳年上の兄貴分ですが、ぜひ長生きしていただいて、私が一生この「つかみ」を使えるとうれしいなと思います。感謝、感謝！

「旬の顔」ならばなおよし

講演ではいままで1000回ほど、この「つかみ」を使いました。そしてその会場で来場者を見ていて、私と同じように人気タレントや有名人に似ていて、自分の顔をいじれば「つかみ」がとれる人が、どこの会場でも１％はいることを発見しました。
だから１００人に１人くらいの読者はこの方法を使えるはずです。

「宮城県の櫻井翔（嵐）です」
「大阪市役所の小泉純一郎です」
「小浜町のオバマです」

といったように。旬が大事ですから、いま人気絶頂だと最強ですよね。

もっともかんたんなつかみは「顔」。使える人は、今日から使おう！

18 「名前」でつかむ

苗字を使う

自分の名前が、ラッキーにも珍しい方は喜んでください。それだけであなたは、初対面では優位に立てますから。

苗字が、一目見ただけでは読めない漢字の人もいます。長〜い苗字の人も使えます。

「谷内《やち》です。故郷の石川県では周りじゅうにいたんですが、東京に出てきたらものすごくレアだと気づいて……」

という話し方ができます。

「西園寺」とか「御《み》立《たち》」「源《みなもと》」というような由緒正しそうなお名前も、その由来を語ることで人の意識を惹きつけます。北から渡ってきた刀の職人ではないかとか、南から鉄砲とともに渡ってきた砲術士の家系じゃないか、とか。

「藤原と言うけれど、あの藤原氏とは関係ない農家です」

これでも十分だと思います。

べつに、学術的に裏がとれていないことでも、詐称にならない程度に自分独自の解釈で物語ることはできるでしょう。ある種のロマンがそこに含まれていたとしても、相手に正確さを問われているシーンではありませんから、大丈夫なんです。

ただし、ここでも物語が必要。単に「フジワラ、じゃなくて、フジハラなんです」だけだとあなたのCMにはなりません。

「名前」から物語をつくろう

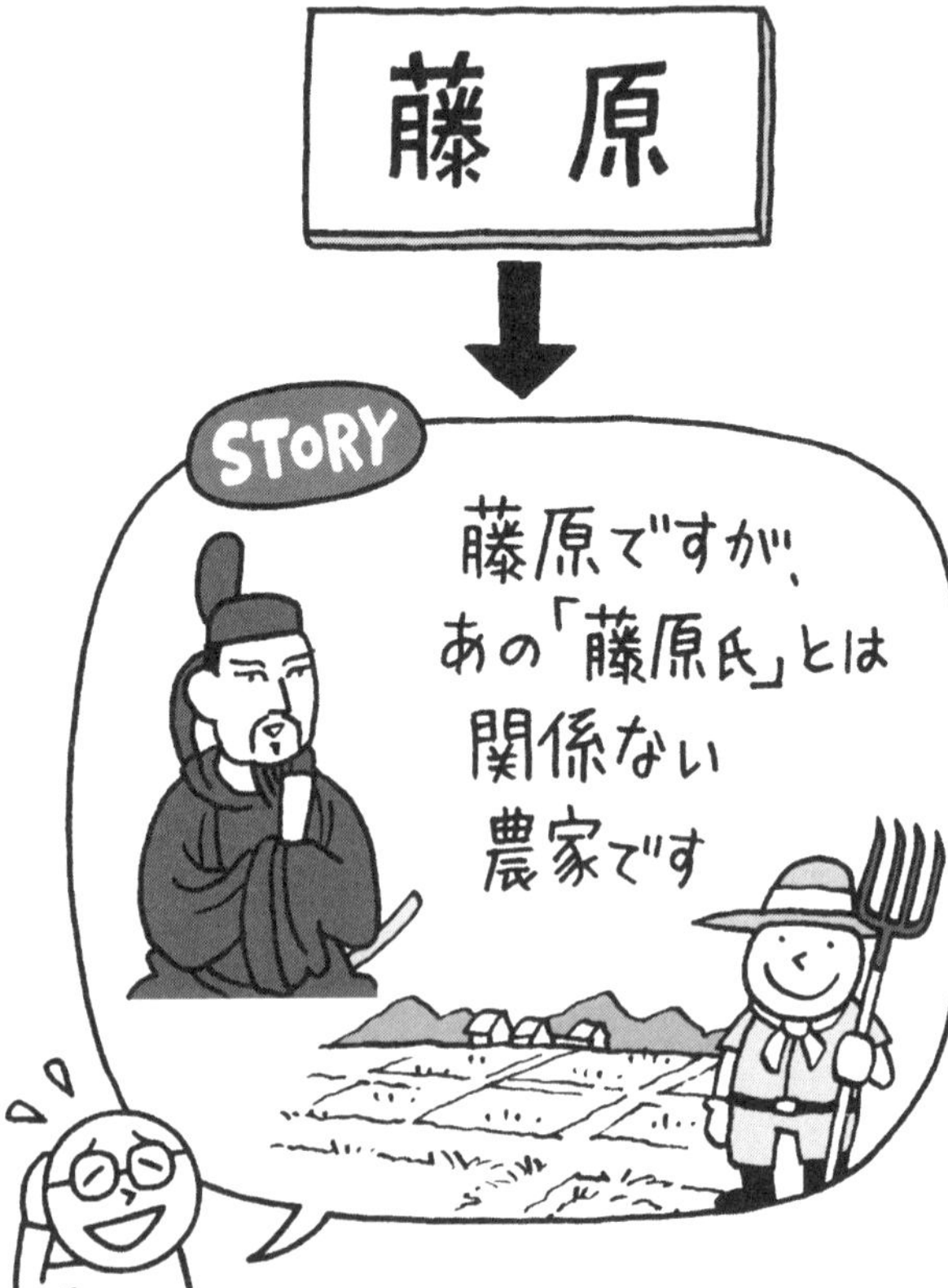
藤原
STORY
藤原ですが、
あの「藤原氏」とは
関係ない
農家です

名前を使う

もちろん苗字だけではなく、名前のほうをいじることで「つかみ」をとることもできます。

かつて、私の研修会でいただいた名刺の中に、ある会社の社長さんで「長男」と書いて「ながお」と読ませる人がいました。彼が「長男《ながお》なんですが、次男です」なんてアピールしたら、けっこうウケるだろうなと思います。

うまく物語をつくって、「つかみ」をとる練習をしてください。

あなたの名前も少し考えれば「物語」がつくれる！

19

「逆張り」でつかむ

○期待値が低い人こそ有利になる技術

「つかみ」は**「どんな人物がそれを言うのか」**で印象が異なってきます。

その組み合わせに意外性があれば、より印象的になるということ。

逆にいえば、あなたのイメージと「ギャップ」があればあるほど、相手に与えるインパクトが大きいから印象に残るわけです。

誰が見てもいかにもイケメンの男性から「女装をすると男だと見破られない」と言われても少しも驚かないでしょうが、茶目っ気タップリで髪が薄くなった中年男性から言われたら、ビックリするかもしれません。

「逆張り戦略」は期待値が低い人ほど有利

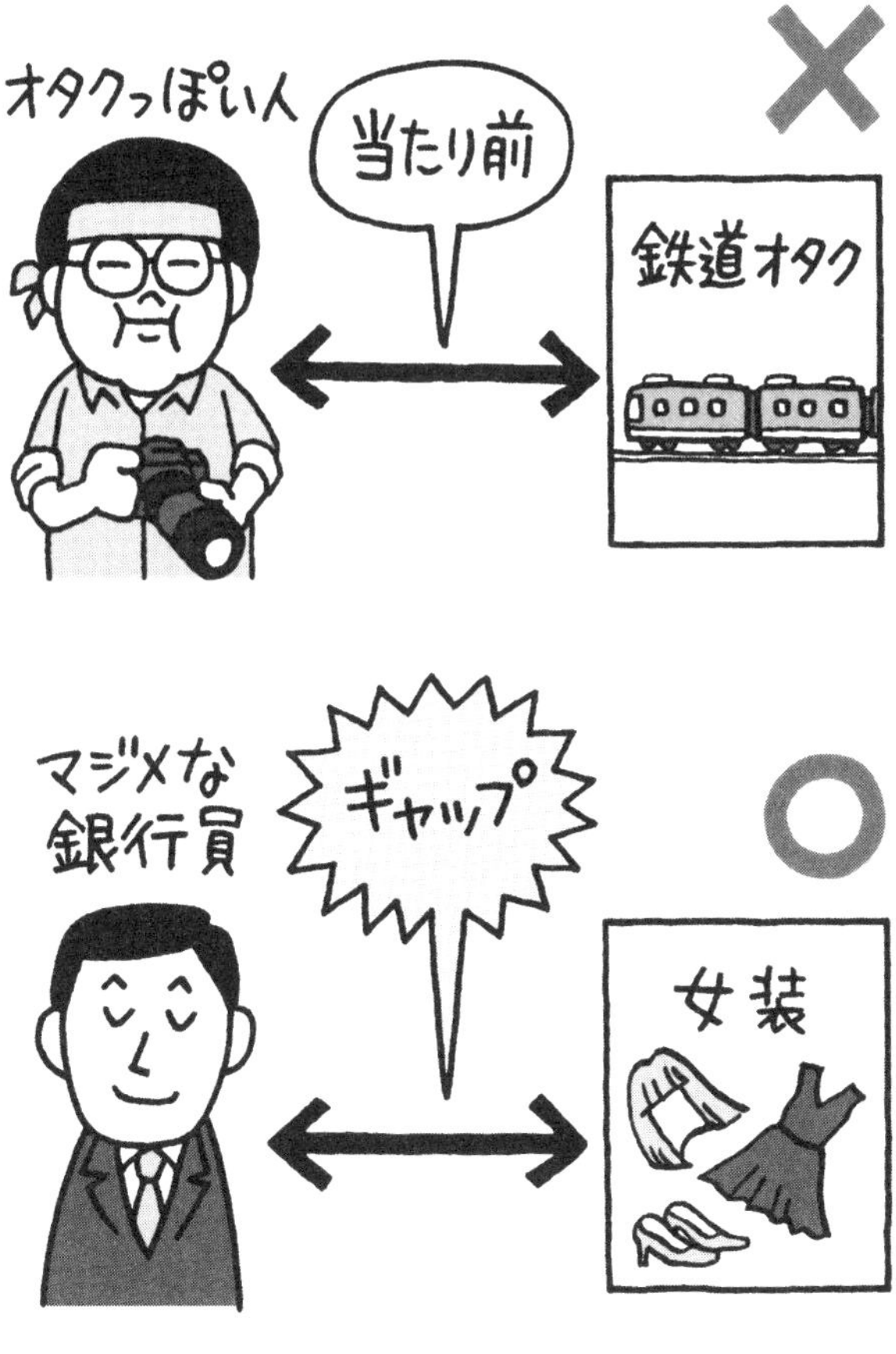

また、いかにもオタクっぽい人が「はっきり言って鉄っちゃん系オタクだ」と言ってもインパクトはないでしょうが、ピシッとした銀行員風の男性が言ったら、意外性があって面白がられます。

「逆張り」に効果があるということは、自分にはあまり取り柄も魅力もないなんて思い込んでる「普通の人」にこそ、じつは大きなチャンスがあることを意味します。

なぜかというと、**いかにもやりそうな「できる人」は、それくらいやるのは当然と思われてしまうからです。**期待値が高いぶん、サプライズを与えようと思えば、相当難易度の高いことにチャレンジしないと驚いてもらえない。

でも、自分のことを「普通」だと位置づけているような、あまり特徴のない顔立ちや目立った業績を挙げていない人の場合、語られた内容とのギャップを感じやすいですから、逆に相手の印象に残るチャンスも大きいというわけです。

「自分はつかみとは無縁」と思っている人こそ、逆転のチャンス!

20 自分以外の人に「つなげて」つかむ

◎自分にインパクトがなくても大丈夫

顔も普通、名前も普通。自分自身に「つかみ」の要素が足りない場合、家族や周りの人をおおいに「利用」しましょう。

たとえば、

「夫の実家は北海道の中札内村《なかさつない》というところで、あの六花亭の『マルセイバターサンド』の工場の隣なんですよ」

「うちの父は、じつはホリエモンが社長だった時に入社してるんです」

という感じ。

ポイントは、他人を出すときにも「相手の頭の中」の原則から離れないこと。当然、相手はあなたのご家族のことは知らないですから、「私の父がいかにかっこいいか」という話をしても通じません。

どれだけ尊敬している恩師でも、その人のことを知らない相手に自慢したら、退屈されてしまいますので、注意してください。あくまで会話のきっかけに「利用」するんです。

また、自分とどうやって「つなげる」かも重要。単に家族の話をして終わってしまうと、あなた自身の印象は残りません。

家族や近しい人をうまく「利用」しよう!

21 「昨日した失敗」でつかむ

○ちょっとした失敗が、武器になる

逆張りの変形ですが、あえて失敗をアピールすると非常にウケる場合があります。
昨日した失敗、さっきした失敗なら、ライブ感も十分でしょう。
私が出前授業に行った女子校では、

「先週、電車のドアにはさまれました」

という強烈な報告をした生徒がいました。

「昨日の失敗」から話を広げよう

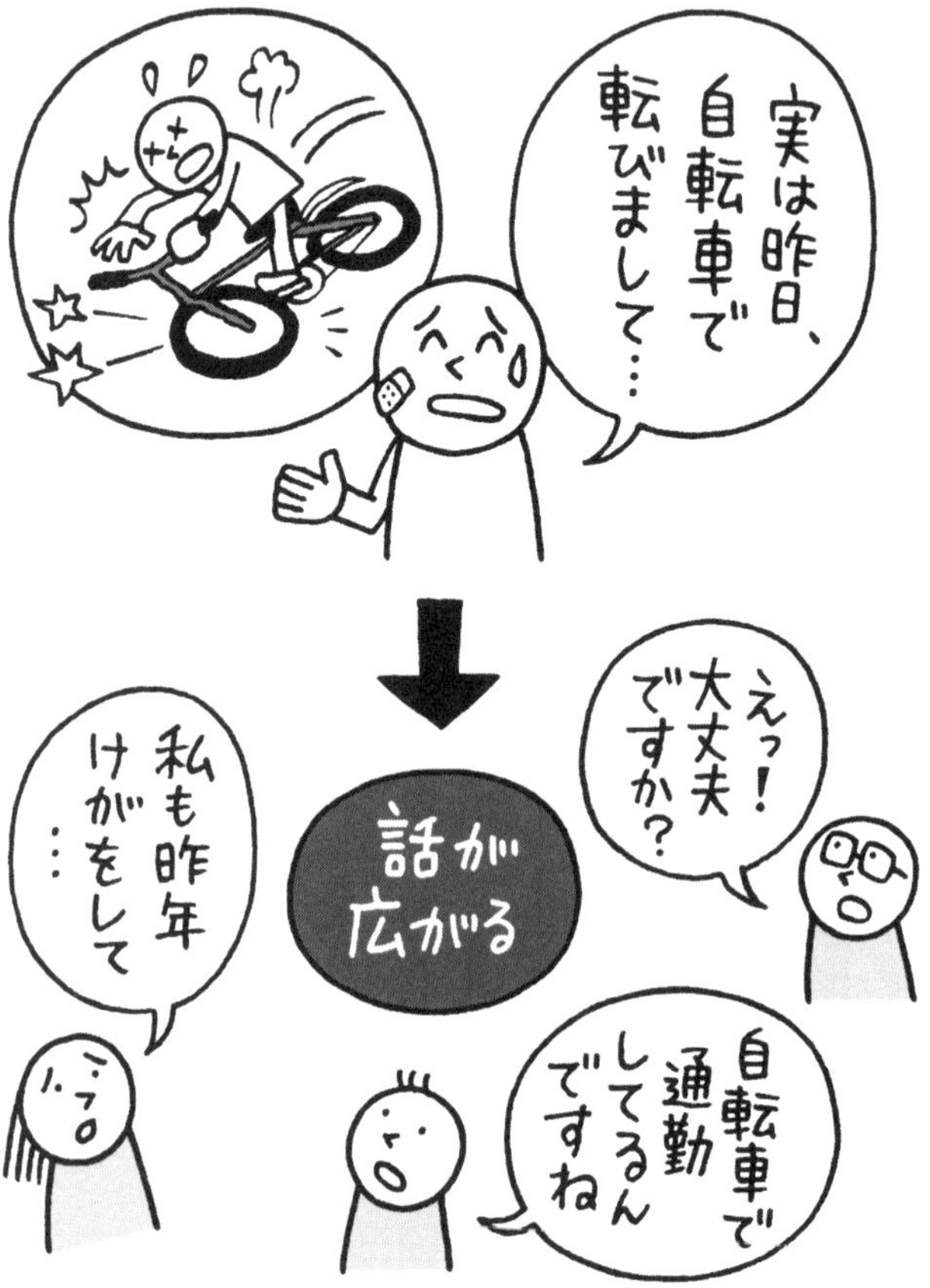
実は昨日、自転車で転びまして…
話が広がる
えっ！大丈夫ですか？
自転車で通勤してるんですね
私も昨年けがをして…

事故で電車を止めてしまったようなケースではとても笑えませんが、幸い、そういう大袈裟なものではなかったようです。その生徒はふだんから、教室でも体育館でもいろんなところにはさまる（踏みはずす）タイプだったようです。

それから私が立食パーティーで出逢った女性で、もっとも強烈だったのは、

「昨日、離婚届、出しました！」

グランプリをあげたいくらい、インパクトがありますね。

失敗も「ちょっと笑える」とつかみに変わる！

22

あえて「名刺」でつかむ

○基本は「生《なま》」の自分で勝負する。ただし……

名刺を出さないで「つかみ」の練習をするのは、会社や役職のブランド力に頼らないで、自分自身のキャラで勝負するクセをつけるためでした。できるだけ「生」の自分で勝負して、自らのキャラを相手に合わせてうまく表現する「情報編集力」を磨くのが大事なんです。

さて、名刺はあなたの表札ではないし、ましてやテレビCMにはならない。あくまで「道具」にすぎないことがわかった上で、それでもあえて、その道具を使ったほうがいい例外的な場合もあります。

名刺には魅力と魔力がある

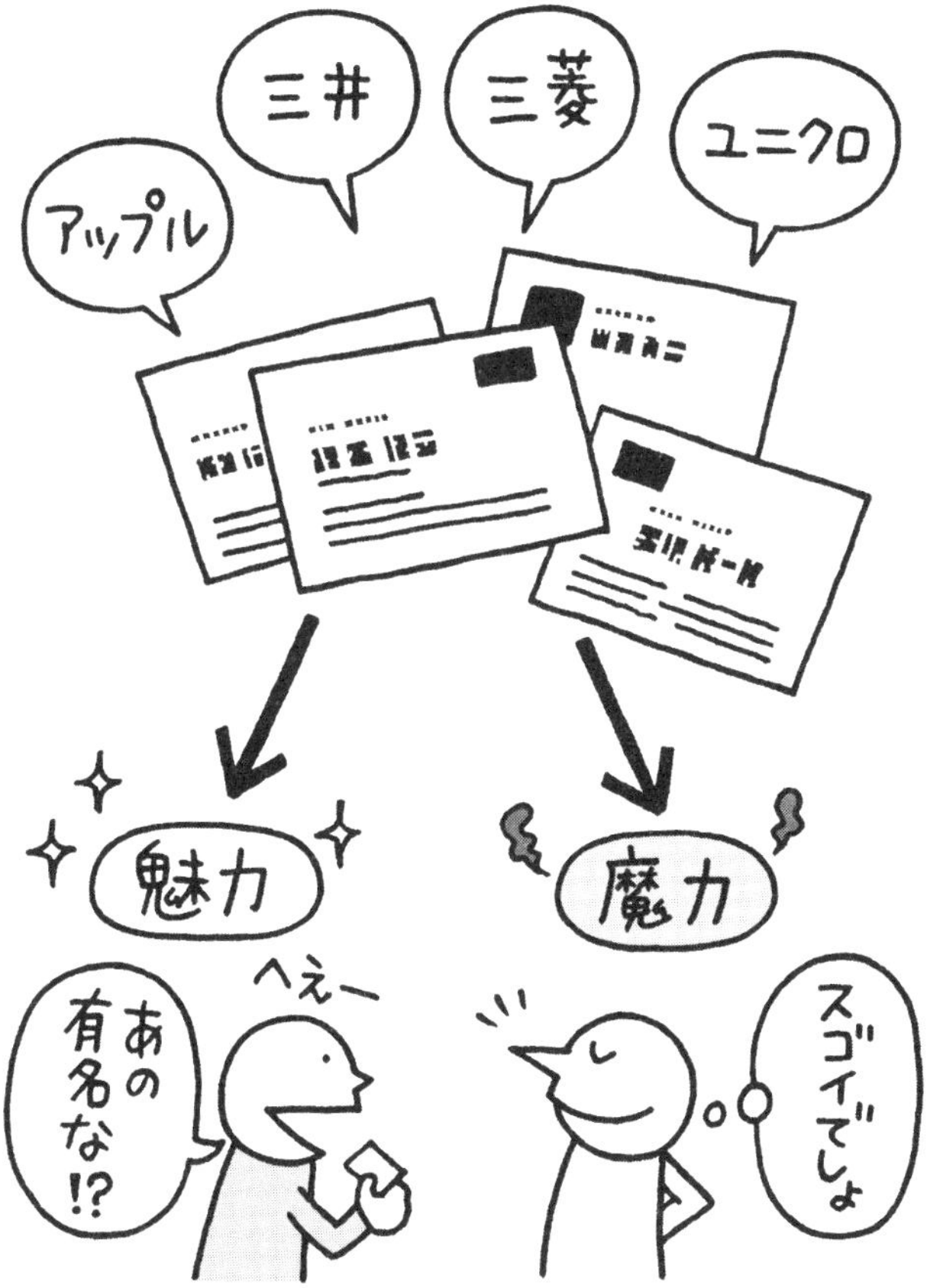

○三井、三菱、アップル、ユニクロなら名刺を使ってみる！

例外の一つは、企業のオーナー社長か会長、創業者である場合です。その場合は、名刺が利きます。

また、知名度が高く、ブランド力のある会社や組織に勤めていると、名刺の力で仕事をすることができます。三井や三菱とか、アップルやマイクロソフトとか、楽天やユニクロも、そうした魅力と魔力のある会社でしょう。

魔力といったのは、うっかりすると自分の力と過信していた信用が、じつはもっぱら会社のブランドの信用力だったということになりかねないからです。商売の相手が自分を信用してくれていると勘違いして独立したような場合、結局ついてきてくれなかったということがよく起こります。

オーナー経営者と有名企業社員は、名刺で「つかみ」をとれ！ ただし、中毒に注意。

23 「つかみ」の練習方法①

子どもと一緒にやってみる

◎「名刺をわたさない練習」はいじめ対策にもなる

日本の小学校では、「みんな一緒」であることを前提に「みんな、仲よく、元気よく」を教育目標としている例が多いのですが、**「考え方や文化的バックボーンの違う他者といかに関係を切り結ぶか」**の技術を教えてはくれません（当然、私たち大人も教わったことはありません）。

「それぞれ一人ひとり」の成熟社会に入っても、まだこの前提が崩れてはいないから、いじめが陰湿化したり、ネットで関係がこじれたりしやすいのです。

「みんな一緒」の前提では、みんなと一緒に遊べないとおかしいという価値観が刷り込まれますから、みんなと一緒にしようと必要以上の同調圧力がかかります。

結果、クラスの中での自分の順位とキャラを意識して演じなければ居場所がなくなる「スクールカースト」なるものがまん延したりもするわけです（あなたの会社でも、同じようなことが起きていませんか？）。

こうした集団の暴力から子どもを守ることと、私たちが上司や部下、お客さんや取引先の人と人間関係をつくることには、じつは共通の技術が関わっているのです。

どちらも必要とされるのは、「他者と関係を切り結ぶ技術」だからです。他者から身を守る自衛手段であり、武器といっても過言ではありません。

だから私は、「名刺をわたさない練習」をお子さんと一緒にやることをおすすめしています。

◎「5年3組の佐藤健太です！」では情報ゼロに近い

もし子どもに「自己紹介しなさい」とお父さん、お母さんが言うと、最初はこんな感じになると思います。

「和田小学校　5年3組の佐藤健太です！」

これだと、和田小学校を知らない人には、「5年生」なんだということと、「けんた」という名前の読みしか伝わりません。「3組」と言われても何も意味が伝わらないからです。

「和田小学校　5年3組の佐藤健太です！」は、リクルートを知らない人に「リクルート　営業統括部の藤原和博」という名刺を出すのと一緒です。子どもに対して「それじゃ、通じないよ」と思ったあなたは、自分のいままでの初対面でのあいさつが、いかに通じなかったかが、実感できるでしょう。

あなたの世界と相手の世界は違う

じつは、子どもの頭の中では、その世界観の中で「3組」という言葉にさまざまな意味が込められているのです。たとえば「1組は優しい田中先生で、2組は転勤してきた体育大学出身のハリキリ先生で放課後はよく遊んでくれるんだけど、うちの3組は厳しいオバちゃん先生でハズレなんだよね」というように。

肩書きの自己紹介では何も通じない

子どもは**自分の世界観を他者も共有している前提で話すので、同じカルチャーやバックグラウンドをもっていない人にはその意味するところまでは理解できない**のです。

いま「子どもは〜理解できない」と書きましたが、じつは大人の世界でも、同じことが起こっていると思いませんか？　子どもと一緒に練習することで、嫌というほど実感できるはずです。

「つかみ」の練習は子どもと一緒にやろう。いじめ対策にもなって一石二鳥！

24

「つかみ」の練習方法②

プライベートの場で練習する

○「名刺がご法度」の場でどれだけ関係を築けるか

会社の中や営業先で最初に名刺を出さないというのはけっこうなプレッシャーになるでしょうから、初めは練習場所として、地域社会などのコミュニティをすすめます。

小学生以上の子どもがいれば学校を中心としたコミュニティがあるでしょうし、そうでなくても会社以外の趣味だったり、友人や恋人関係だったり、被災地などでのボランティアだったり。ビジネスの人脈をつくる名刺交換会や異業種交流パーティーとは違い、**経済以外の関係で気持ちや志でつながるネットワーク**は、あなたのビジネスにとっても、とても大事な「もう一つの足場」になります。

○役職が高いほど、嫌味になる

そうしたコミュニティは基本的に会社ブランドや力関係の序列がない世界ですから、名刺を出すのはむしろご法度です。あなたの会社に知名度があって、そのブランド力が高ければ高いほど、また、役職が偉ければ偉いほど、名刺を出すのは逆効果になるのです。無粋だと思われるんですね。

だから、コミュニティの世界では、**名刺なしで「自分はどういう人で、どういう力（技術）があり、どんな貢献ができるのか」**を表現しながら、人々とつながっていくことが求められます。ここで名刺を出さずに勝負して認められれば、仕事の場でもいつの間にか、「つかみ」がとれるようになるはずです。

「お金」がからまない場で名刺を出さずに話してみよう！

テクニック3

「二項対立」で語る

板書もそうだし、プレゼンのスライドでもそうなのですが、グチャグチャと矢印がいっぱいあるチャート図を使って、そのまま解説したがる人がいます。

でも、それでは相手に通じません。

相手の頭の中に書き込むには、「二項対立の図式」で示すと一番わかりやすいのです。**左と右の「比較」、左から右への「流れ」**です。

1000回を超える予定の講演会／研修会／講義での私のメインコンテンツは、すべて、この二項対立の応用型。

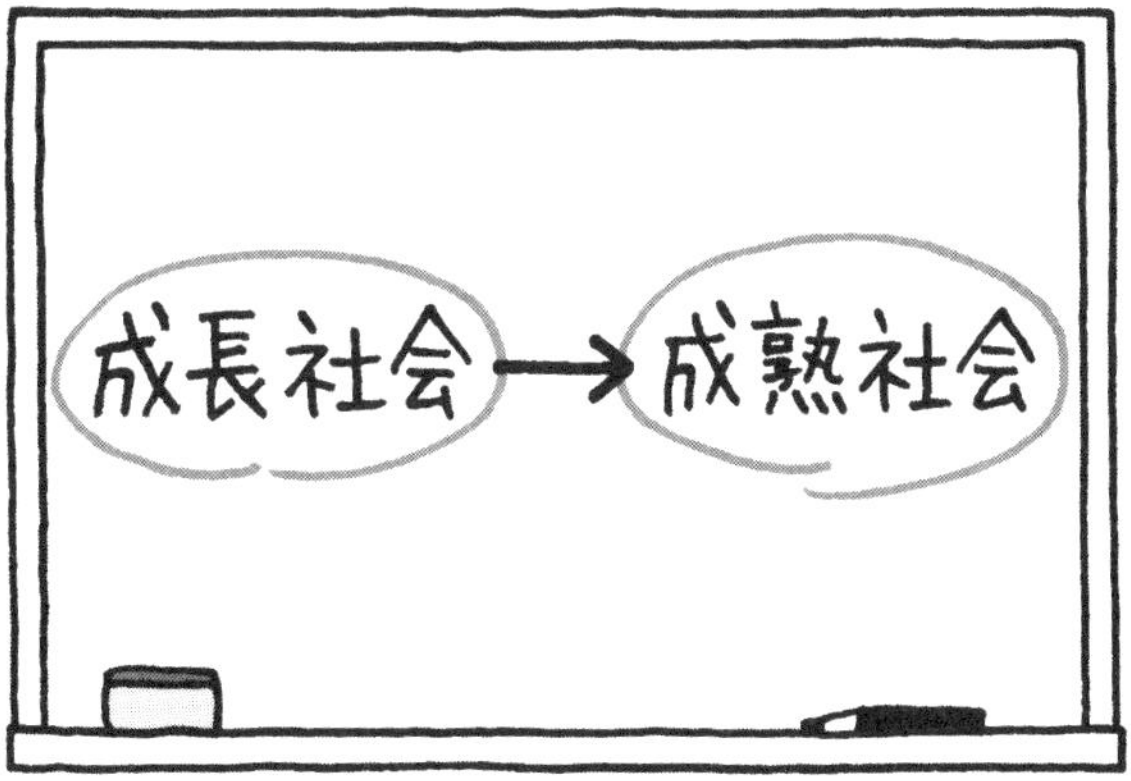
成長社会→成熟社会

ものすごく、シンプルだと思いませんか？

ときどき、パワーポイントでつくった概念図や複雑なフローチャートを延々と解説しているプレゼンター（とくに官僚に多い）を見かけますが、見ているほうにとっては苦しい限りです。それでは、どんなに重要な内容でも頭に入りません。

スライドでは、**1枚につき1つだけを述べる**こと。いくつかポイントがあるのだったら、紙芝居にしてアニメのように1つずつ（欲張らずに）示していったほうがいい。

パワポを使ってダラダラと書いてある解説を読むプレゼンターは、もともと「相手の頭の中に書き込む」という意識がないのでしょう。

偉い先生や大学教授にもありがちですね。自分の頭の中にあることをとうとうとしゃべれば聴衆は聞くもんだというおごりがあるからです。学生がおとなしく聞いてくれるのは、単位取得の権限を教授が握っているからであって、講義の内容が優れているからではないし、その深遠な人格に惹かれてというのでもない。

まず、大学教授に、この章を学んでいただくことを強くお願いしたいと思います。

3章のまとめ

初対面で「敵だ」と思われたら
その仕事・人間関係は終了。

初対面では、
15秒で「つかみ」をとれ！

初対面で名刺を出すと、
スルーされてしまう。

4章

弱みをさらす

もう
「自己PR」は
やめなさい

25 弱みには「もっと聞きたい」と思わせる力がある

○それがあるとうれしくなる共通点

私の講演／研修では、隣の席の人とペアになって、2分間という短い時間の中で相手と話す練習をしてもらいます。お互い質問をし合って、「共通点」を探してもらうのです。

「スタート！」の号令とともに、2分間で2つ以上見つけられるかどうかを競います。私は講演会では「いまから2分間は無礼講ですから何を聞いてもいいですからね」と念を押します。「離婚経験はありますか？」も聞いちゃっていいんですよ（笑）。ただし、インタビューされる側には特権があって、答えたくない質問には答えなくてもいいし、「その質問はパス！」もあり。

やってみればわかるのですが、共通点探しがうまくいくかはけっしてインタビュアー側のインタビュー能力だけで決まるのではありません。インタビューされる側の協力も必要です。「こっちはどうなの？ あっちは？」というように、速いストロークで聞き合うことがコツなんです。脳が速くつながるようにする練習なんですね。

この共通点探しには、２つの条件があります。

条件１：それがわかったとき、２人ともちょっとうれしくなること
条件２：その話題で15分でも30分でもずっと話していたいこと

じつは２つの条件を満たして絆をもっと深めようとすると、マイナスモードの内容のほうが、あとからジワーッときて、もっともっと聞きたい、となるはずなんです。

たとえば、「病気」であれば、同じ病気を患ったことがあるとか、いままさに治療中だとか、ご主人が同じ病気で闘病しているとか。

「挫折」であれば、中高時代に荒れたことがあるとか、引きこもったとか、会社を辞めさせられて、あるいは仕事がうまくいかなくて、存在の危機を味わったとか。

「失敗」であれば、同じように結婚に失敗したとか、子育てで悔いが残るとか、転職がうまくいかなかったとか。

起承転結の「転」だけを切り出せ

自分のことを話すときは、自分の頭の中にある「自己認知」（自分はけっこうまじめなほうで、勉強は好きではないが、サッカーは大好きで……）から離れたほうがいいし、正解を言おうとする「正解主義」から頭を一度切り替える必要があります。

自分のことを、起承転結に沿って正確に説明しようとするのではなく、起承転結があるのだったら、一番ヤバい「転」だけ切り出してアピールするようにしましょう。

自己PRと正解主義の呪縛を解いて、弱みを「PR」しよう！

起承転結の「転」がポイント!

26

弱みの見つけ方①

人生をグラフにする

○あなたの人生の前半を見える化してみよう

就職活動中には、多くの人が「自己分析」をして自分の強みや企業に対してアピールすべきポイントを見つけたと思います。

でも、自分の「弱み」がどこかなんて改めて考えた人は、あまりいないんじゃないでしょうか。むしろ見て見ぬふりをしてやり過ごしたり、変えようと思っても変えられずにもどかしい思いをしてきたはず。

弱みを見つけるツールとして私が使っているのが、人生前半（あなたの来し方）を可視化した**「エネルギーカーブ」**（148ページ参照）です。

◎横軸がライフサイクル、縦軸がエネルギーレベル

まず横に長い「升《ます》」を描きます。ノートに描く場合は、横長にしたほうが描きやすいと思います。

そして、左下に「生」（生まれる）と書き、右下に「死」（死ぬ）と書きます。

横軸は、人生（ライフ）サイクルです。

「死」と書くなんて縁起でもないとおっしゃる方もいるでしょうが、「死」を意識しなければ、輝く「生」のデザイン（ライフデザイン）ができるわけがありません。

アップルの創業者で「iPhone」の生みの親であるスティーブ・ジョブズも、その伝記の中で語っています。「自分は死を強烈に意識するようになって初めて、決断に迷いがなくなった」と。失敗したらどうしようとか、こんなふうにやったらダメなんじゃないかとか、途中でやめるのは格好悪いとか、そういう中途半端なプライドが削ぎ落とされて、潔くなれたという意味でしょう。

次に、縦軸は、あなたのエネルギーレベルを表します。あなたの知力・体力・精神

エネルギーカーブの図①

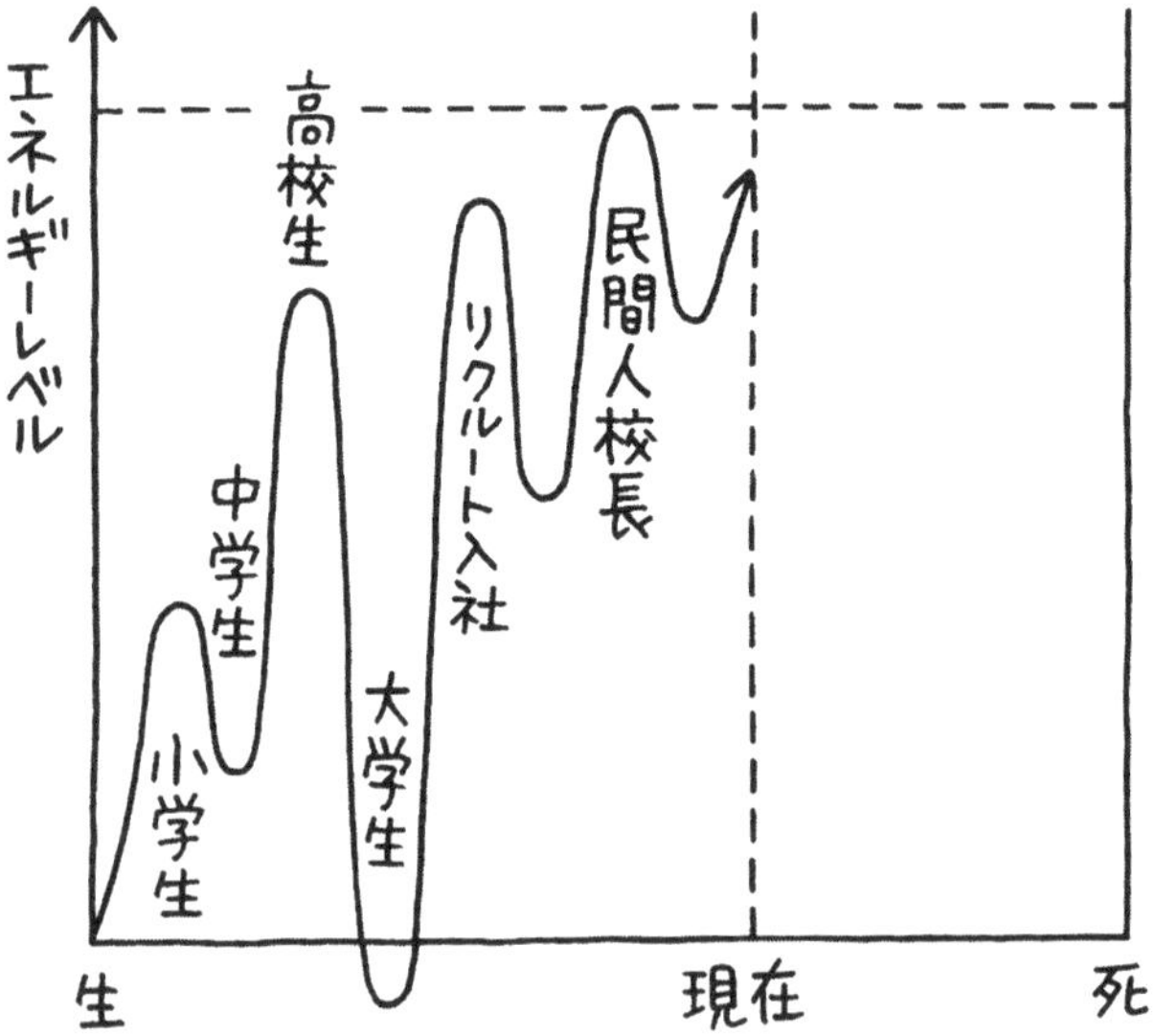

ヨコ軸にライフサイクル、
タテ軸にエネルギーレベルで
人生のエネルギーカーブを描いてみる

力の総合力、モチベーションのレベルです。

生まれ出たら、左下の角から人生が始まるとして、まずはナナメ右上へのベクトルが働くはずです。その後、山があったり、谷があったり、中央付近に引いた現在地まで、あなた自身のエネルギーカーブを引いてみてください。

主要な「谷」にコメントを書いていく

その後、**主要な「谷」の部分だけに、コメントを書いていきます。**その谷は何がきっかけでできたのか、どんな事件があったのかについて、短いコメントを付していただければけっこうです。

私の例（エネルギーカーブの図①参照）を見ながらでいいのですが、これはあくまでも「見本／例」であって「手本」ではありません。だから、あなたのエネルギーカーブが似ても似つかないものになってもまったくかまわないのです。どれ一つ、同じ人生などないし、リズムやテンポも人それぞれ、個性がありますから。

それぞれの上昇曲線も下降曲線も、もっと細かく描けば、直線に見えるところだっ

エネルギーカーブの図②

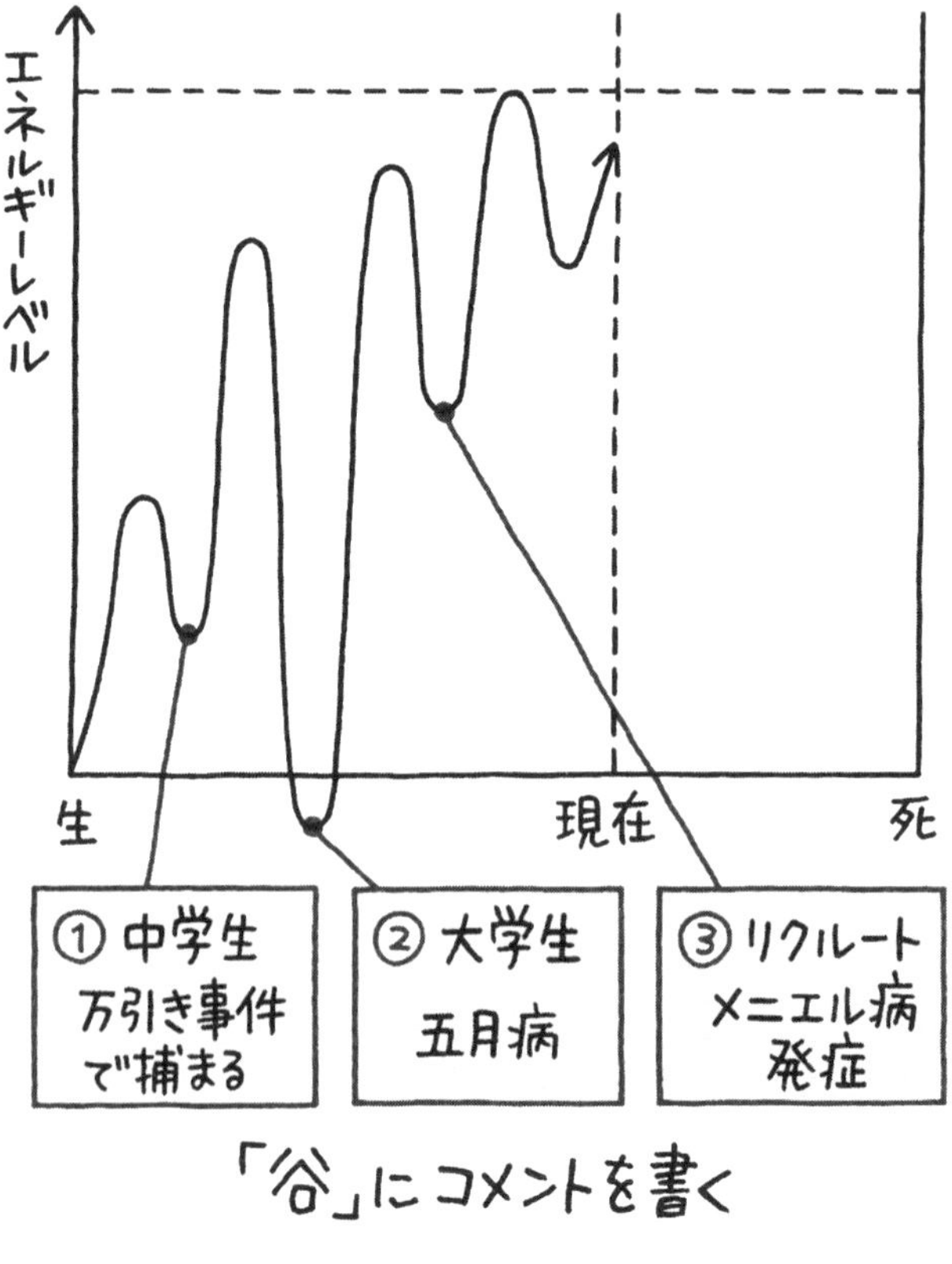

て実は細かい波をうっているはずです。10年単位、1年単位、1ヶ月、1週間、1日と、単位を短くしていくとどんどん波が細かく見えるはずですね。

でも、いま必要なエネルギーカーブは、あなた自身のマイナスモードを示す「谷」が人生において、どんな役割を果たしているのかを確かめるためのもの（エネルギーカーブの図②参照）ですから、非常におおざっぱなものでかまいません。

何を話すかを決めるために人生の「エネルギーカーブ」を描いてみよう！

27

「弱み」の見つけ方②

自分の弱みを全部書き出す

○弱みを書き出す過程で、それを乗り越える

前節で、谷の部分で書いた「事件」から派生する、あなたの「マイナスモードの魅力」を探っていきましょう。過去の人生で、次の項目をリストアップします。

①恥ずかしかったこと／めちゃくちゃ怒られたこと
②小さいころからの（若いときからの）コンプレックス
③苦手なこと／不得意なこと／大きな挫折と最近した小さな失敗
④病気／入院

⑤警察のお世話になったり、事件に巻き込まれたこと

自分の古傷に触れることになりますが、リストアップしたら、あとはそのうち2つか3つをピックアップして、その「挫折」や「病気」や「失敗」を、できるだけ面白おかしく話せるように練習すればいいだけです。

たぶん、リストアップを完了し、その事柄の概要を書き出している時点で、あなたはもう、その「事件」ともいえる物事を乗り越えているはずですから。

では、次ページの50項目のリストを参考にしながら、あなたにも当てはまるものにチェックを入れ、さらにオリジナルな「マイナスモード事件」リストを書き出していってください。これ、私自身のホントの「マイナスモード事件」リストなんです。

1時間もかからずに50項目を書き出せましたから、初めてのあなたも5個から10個くらいだったら、ラクに書き出せるのではないかと思います。

「事件」を50項目書き出してリストにしよう!

マネジャー時代（30代）

□大阪でプライドを捨ててベタベタの営業を一から教わった
□子どもができ銀行から借金して家を買うもバブルがはじけて4000万円下がり半値に
□機動部隊の部隊長はできるが、組織が大きくなると向かないなあとつくづく思う
□心身症のようになり目まいが起こるメニエル病に。以後５年間後遺症が続く
□新しい出版社を創業したが、結局、書籍のことがまるでわかっていなかった

40代前半

□無謀にも会社を辞める（妻に相談しなかったから、あとから怒られた）
□会社をつくって会社ごっこをやったが、個人の自営業でよかったかもしれない
□取り組んだ新情報誌事業は一時100万部に届いたが結局ネット系に抜かれ廃刊に
□シルバー向け事業も、教育用マルチメディア事業も立ち上げるには至らなかった
□教育、介護を中心とした医療、住宅のどの分野を深掘りするのかずっと迷っていた

40代後半～ 50代前半

□初めてノンプロフィット組織をマネジメントして、面食らった
□外でのイラダチを家の中にもち込んでしまうことが何度もあった
□生活保護、準要保護、外国人妻、DV、発達障害等社会のリアリティを現場で初体験
□自分は大人になりきれていないのではないか、と何度も思った
□事故の対応をめぐって、自分の力の限界を思い知った

50代後半

□60歳まで髪の毛が残るかどうか心配だ。もちろん養毛剤は使っている
□このままだと60はもちろん65歳になっても「老人」の意識はない。それでいい？
□組織からインデペンデントなので何の保障もないが、食い扶持は続くだろうか
□スマホを緊急用／発信専用でもっているが電源を切っていて電話以外使えない
□いまだにパワポもエクセルもできない。だいたいパソコンにワードも入っていない

その他

□ときどき「この野郎！」という衝動がある。ケンカは弱いからやめたほうがいいが
□テニス（始めて５年）がうまくならない、暇だった大学時代にやっておけばと後悔！
□運転で危なかったことを思い出す。居眠り状態をふいに後ろから起こされたことも
□最初に入った会社で鍛えられなければ、いまごろ普通の管理職だったかなと恐怖
□2050年95歳まで生きたいと思うが、さてさて、やるべきことはあるだろうか？

藤原和博の「弱み」リスト

小学校時代

□１年生、学校のトイレが汲み取り式で嫌だったのでウンチを漏らしてしまった
□視力検査の黒いシャモジのようなモノの使い方がわからなくて弱視と勘違いされた
□小４でいじめっ子に
□カッコいいなと思ってアコーディオンを習わせてもらったが長続きしなかった
□水が怖くて一人だけ25メートル泳げないまま卒業した

中学校時代

□アレルギー体質があり、水ぼうそうが巨大化したり、顔にすぐに湿疹ができたりした
□サッカー部がなかったので、間違って剣道部に入部するも、夢中になれなかった
□アマチュア無線の資格をとってハムを始めたが、これも長続きしなかった
□とにかく悪ぶりたくて、中２で万引き事件を起こし家庭裁判所に送られた
□悪ガキを学級委員にしようと選挙違反をし、担任に内申書に書くぞとすごまれた

高校時代

□バスケット部に入って楽しかったのだが、もっとまじめに取り組んでもよかった
□おでこに派手にニキビができて格好悪いことこの上なかった
□彼女ができたが、どのように付き合ったらいいのかよくわからないまま、別れた
□受験勉強の仕方がわからず、友人の方法を聞いて徹底的に真似るしかなかった
□３年になってから物理と化学（とりわけ分子式）が大嫌いだと気づき夏休みに文転

大学時代

□「マル経」も「近経」もわからず経済学部に入学したが友人に聞かれ恥ずかしかった
□入学して間もなく典型的な「五月病」になり、しばし引きこもった
□運転免許をとりに行くも、右も左もわからず教習所でいじめられた
□バスケ部に入る自信がなくて、結局高校の仲間と一緒にやる程度でお茶を濁した
□初めての海外旅行でローマの中央駅で寝入ってしまい、すべて盗られた

新人時代（20代）

□株では数百万円の損をし、絵画も数百万円分買ったが価値はほとんどゼロに
□ある会社への営業を親会社に報告したら「出すぎた真似するな」と出入り禁止に
□お客さんの入社説明会DMを打ち忘れて学生がまったく集まらなかったことも
□取引先の部長にそうとは知らずお見合いの場をセットされ危うくつかまりそうに
□同期に課長昇進で先を越され悔しかった

28

A4・1枚にストーリーをまとめる

○話すネタ帳をつくる

マイナスモード事件をピックアップしたら、それぞれの詳細を**A4・1枚**にまとめていきます。弱みというのは話し慣れていませんから、アドリブは無理です。だから、あらかじめ「話すネタ帳」をつくっておくのです。

あなた自身の「マイナスモード事件」を10個以上書き出してから、3つくらいに絞って、それぞれについてA4用紙で1枚にそれぞれストーリー（物語）を書いてみてください。

手順は、次のとおりです。

弱みを、A4・1枚にまとめる

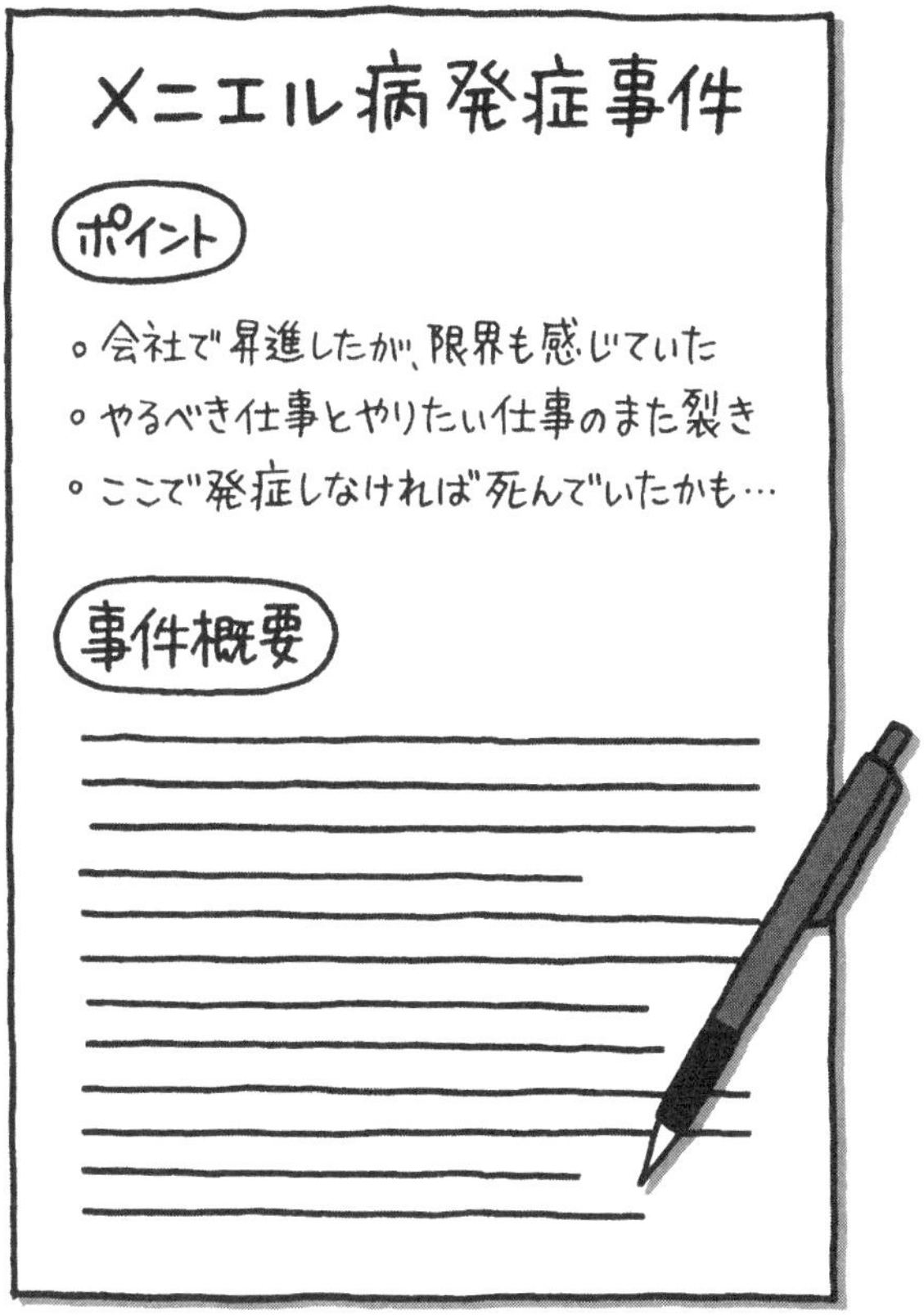
メニエル病発症事件
ポイント
○会社で昇進したが、限界も感じていた
○やるべき仕事とやりたい仕事のまた裂き
○ここで発症しなければ死んでいたかも…
事件概要

①事件の「タイトル名」を書きます（1行）
②何が一番相手の興味を引くか考えて、アピール「ポイント」を整理します（3行以内）
③「事件概要」（物語ですから事実を題材にしていますが、詐称にならない程度に脚色もありです。小説のつもりで大袈裟に書いてみてください。A4いっぱいの分量でちょうど3分間スピーチになります）

例として私のケースを2つ、紹介します。

タイトル／中学校で悪ぶって万引きで捕まった事件
ポイント・いい子として育ったのだが、あのころは悪ぶるのが格好いいと思っていた
・部活にエネルギーを燃焼できないぶん、スリルとサスペンスを求めていた
・父に家庭裁判所に連れて行かれたが、父とはそれ以来、話せなくなった

事件概要：小学校の低学年では野球少年で、将来は長嶋（茂雄）になると決めていたのですが、高学年になって釜本（邦茂）が現れ、サッカーのほうが格好いいからと転向します。

でも、中学校には当然あると思っていたサッカー部がなかったのです。つまずきはそこからでした。部活の説明会で先輩が一番凛々《りり》しかった剣道部に入部するも、いまいち燃えきれません。やっぱり球技が合っていたのでしょう。2年生の後半からバスケット部に転向するという中途半端なことをやりました。

夢中になれるものがなかったので、かなりよどんだ気分が支配していました。学校がそれほど荒れていたわけではありません。私自身の気分が荒れていたのだと思います。あとから友人に聞くと、中高時代にはよくあることのようですが、だんだん「まじめにやるのは格好悪い。悪ぶったほうが格好いい」という勘違いに支配されていきます。

デパートで万引きをやり、そのまま戦利品を袋に入れたまま、別のデパートに行ってまたやったのです。こちらは見つからないようにしているのですが、私を捕まえた補導員に言わせると、どう見ても「万引きやります」と宣言して歩いているような様子だったようです。

結局、パトカーで連れて行かれ、調書をとられます。たまたまその日は父がゴルフで、母も祖母とお墓参りで帰りが遅かったこともあり、自宅の電話が通じませんでした。そこで、警察官が私に言いました。

「お前を信じてやるから、これから家に帰って自分で自分のやったことを両親に伝えなさい。警察署に来るのは明日でいいから」

と。私は地下鉄の駅で降りたものの、恐怖感で座り込んでしまって、しばらく立ち上がることができませんでした。どう言い訳をしようか、このままいなくなってしまおうか、もう学校には行けないな、とか。行き詰まるしかない考えだけがぐるぐるとめぐります。どう帰ったか憶えていないのですが、なんとか帰って事実を告げると母は半狂乱でした。当たり前だと思います。

家庭裁判所で事情聴取があったのですが、私に同伴したのは最高裁判所に勤めていた父でした。父とはそれ以来、長年にわたって口をきけなくなりました。私がリクルートのような（当時の）中小企業に入ったのも、父の体現する公務員の巨大なイメージからもっとも遠いところに行きたかったからかもしれません。

それでも、この経験は中学校の校長としては役に立ったように感じています。ときに見せる彼らの荒れた気分と気まぐれな行動が、私には理解できるからです。

2つめは、リクルートでエリート街道まっしぐらのときに突然訪れた、「メニエル病発症事件」です。

タイトル／メニエル病発症事件

ポイント・会社に入って気分よく昇進し給料も上がったが、限界も感じていた

・やるべき仕事をやりすぎて、やりたい仕事とのまた裂き状況だった

・ここでカラダが警告を発してくれなかったら、もっとヤバいことに

事件概要：

会社の仕事は楽しかったのです。朝7時から夜11時までの「セブン－イレブン」の仕事でも、やらされ感はなく、主体的に取り組めていると感じていました。1985年から始まった「通信の自由化」の波に乗ってデジタル回線の営業部隊を率いていた私は、課長から次長、部長と3年足らずで昇進し、給料も倍増していました。

会社の期待に沿ってマネジメントをしているとガンガン偉くなる。なんとも気分がいいんです。ところが、いっぽうで、自分がやりたいクリエイティブな仕事からはドンドン遠ざかっていくようにも感じられました。

ある休日の朝、前日のぜいたくな打ち上げパーティーの様子を反すうしながら目覚めようとしていたときです。目を開けながら寝返りを打った私は、天井がぐるっと回転するのを目撃しました。「なんじゃ、こりゃ！」、わけがわかりません。トイレに駆け込みます。吐き気があるわけではなかったのですが、座り込んでいました。そして立ち上がった瞬間、またしても目の前のドアが回ったのです。焦りました。

翌週すぐに医者に行ったのですが、血液検査をやってても「とくに異常はありません。お疲れなんじゃないですか？　ビタミン剤出しときますから……」と追い返されます。あちこちの医者をはしごしましたが、「それはこういう病気です。この薬で治せます」と断じてくれる医者が現れません。人間って不思議なものですね。一刻も早く病名を特定してもらいたいんです。そうでないと不安に押しつぶされそうで……。

だって、見ているものがそのままグルッと回転する症状は続いているのですから、なんでもないわけがありません。ついに脳に来たのかな、とも思いました。

そんな中、ふと誰だったか、それは耳鼻科じゃないかなと言ったんです。すがる思いで耳鼻科の門をくぐると「あ〜目まいですか。はい、じゃあしばらく通ってくださいね。注射打ちますから」とすぐに処方がなされました。注射で麻痺させて目まいをとるんですね。基本的には心身症の一種だったと思います。メニエル病と医者が診断を下したわけではありませんが、いろいろ調べてそうだとわかりました。注射はあくまで対処療法でしたから、じつはその後5年ほど後遺症が残ります。午後になるとボーッとしてしまう。これでは営業本部長は勤まらないし、接待もやめたほうがいい。ラインの長のまま取締役や社長を目指したら死ぬかもしれないな、と本気で思いました。だから、人事に頼んで専門職に切り替えてもらい、スタッフが少人数の新規事業開発室に異動させてもらったのです。権力を目指す道から降りる決断を、30代前半でしたことになります。

いかがでしょうか？　こうしてストーリーにしてみると、辛かった「事件」を客観的に見ることができることに気づくでしょう。３分間スピーチの原稿ができていれば、ここから一部を切り取って長さを調節し、いかようにでも話すことが可能です。

弱みは「3分で話せるストーリー」にまとめよう！

29 話し上手になりたいなら、もっと挫折しなさい

◎「谷」が資産に変わる

これからは、自慢話＝強みのPRをする人よりも、弱みを乗り越えて語れる人が、相手との絆を深め、仕事で成果を出すことができる時代です。

コミュニケーションが上手になりたいのだったら、どんどん失敗や挫折をすることです。

そう、「現在」までの**前半の人生で、あなたの「谷」の面積の総量が大きければ大きいほど、それはこれからの人生で、人を惹きつける「資産」になる。**

失敗・挫折・病気などの「弱み」は他人が興味をもつ、またとないコミュニケーシ

ヨンのネタ。面白おかしく話せれば、それがあなたの魅力になるのです。

○正解主義の呪縛を解け！

ネタに困ったら、また失敗や挫折を経験すればいい。

話がつまらないといつも言われる校長は、朝礼や入学式、卒業式での式辞の前に、ちゃんと失敗をしておくべきでしょう。もっとも失敗するには、「正解主義」「前例主義」「事なかれ主義」にこだわらないチャレンジが初めにないといけませんが。

学生も同じことです。大学にいる間に、会社に入ったらなかなかできないような失敗や挫折を経験したほうが、就活がうまくいくと思うのです。

どうですか？　少しは気がラクになりましたか？

これからは、挫折が多い人ほど話がうまくなれる！

過去の「失敗」「挫折」が未来の資産になる

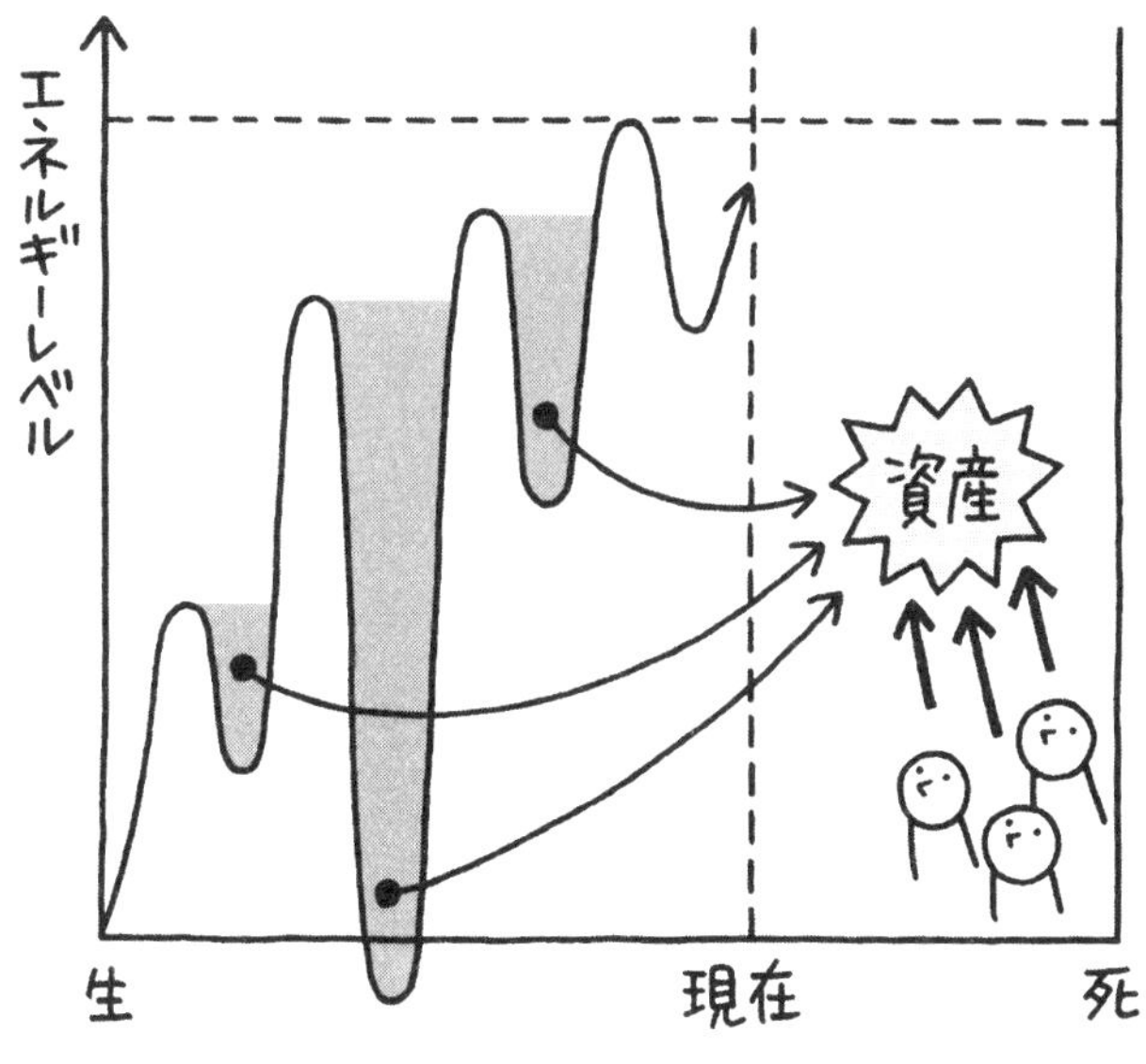

テクニック4

ブレストで自分の頭を「拡張」させる

「ブレーンストーミング」（ブレスト）という言葉は会社だとよく使われるし、「ブレストしよう」という感じで、会議が行われることもあるかもしれません。

でも、それは本当に「ブレスト」になっていますか？

私が定義する**ブレストとは、「自分の頭を隣の人の頭とくっつけて、拡張させること」**です。だから参加している人たちの頭と頭がくっつかずに、正解を追い求めている会議は、ブレストとは呼びません。

100回会議を重ねて、ありもしない正解を追い求めるよりも、まず始めてしまってから100回修正したほうがいいものができる。とにかく、「正解主義モード」を崩すことが重要になるんです。

正解主義の呪縛を解くため、次のルールに従って、一度ブレストをやってみてください。

【ブレストのルール】

①最初の2~3周は、バカな案しか言ってはいけない

②相手の意見をつぶしてはダメ。全部ほめる

たとえば、「新しいタイヤを開発する」というテーマであればどうでしょう?

「白いタイヤ」

「いいね〜！」

「四角いタイヤ」

「おっ、すごい！」

「いい匂いがするタイヤ」

「斬新！」


このように、実際にやってみると、自分一人では考えつかなかったアイデアが出てきたのではないでしょうか。

これが、お互い刺激し合いながら「思考する」「発想する」ということ。1時間、ウンウンうなって考えても、こういうアイデアは生まれません。

複雑で、多様で、変化が激しい「成熟社会」では、一人で考えつくことなんて、タカが知れています。自分の頭だけで考えていても、絶対に納得できる答えは出てこない。

私がいたリクルートなんて、会議室から生まれたアイデアは、一つもありませんでした。あなたの会社でも、身の回りの友人でも家族でも、あらゆる機会に気軽にブレストをやってみてください。

頭が柔らかくなりますよ。

4章のまとめ

自己PRは、相手を疲れさせる。

弱みPRは、相手の心を開かせる。

今からでも「挫折」「失敗」を増やそう！

5章

聞き役に回る

これからは
「聞く力＝話す力」
になります

30 リクルートの営業マンは、じつは聞き上手

○デキる人は、「話す」ために聞く

私はリクルートでは営業部門が長かったのですが、おかげさまで3年連続でトップセールスにもなり、営業マンから課長、次長、部長、本部長（実際には情報ネットワーク部門の東京営業統括部長）とひととおりの役職を経験しました。

リクルートというと「気合いの飛び込み営業」といった体育会系のイメージがあるため、押せ押せで営業していると思われがちです。

しかし実際は、**優秀な営業マンほど、じつは聞き上手**なんです。

でも営業を受ける側に回ってみて、ヒアリングをまったくしてこない営業マンが多いことに驚きました。ただ自分の話したいことを、カタログを見ながら話すだけ。たとえば私にリゾート会員権を売り込みたいのであれば、私の家族構成やスポーツの趣味、子どもたちの状況や妻の趣味、そういったライフスタイルのすべてを聞き出さなければ提案できるわけがないでしょう。

「聞いて、訊いて、聴いて」いくとお客様との縁は深まっていきます。私は若手へのアドバイスとして「営業マンなら、自分の結婚式／披露パーティーにお客様を呼べるくらいの関係になるのが理想」と言っています。

○聞くことは、石油を掘り当てる作業

「聞くこと（ヒアリング）」は石油を掘り当てるのと似ています。

営業では、**「ヒットポイント」**というのがあって、相手が話したいと思っていることを思いきり話させてあげると、相手はあなたにクレジット（信頼と共感）を付与します。

相手の「ヒットポイント」を探す

相手が娘さんの進学の悩みを話したいのか、祝日ゴルフに行っちゃって奥さんに怒られた愚痴を言いたいのか、はたまた、飼っている犬の話をしたいのか……。「聞く」ことによって、一見広大に見える砂漠から、油田が出そうなところに、当たりをつけていくのです。

ここでのポイントは、あなたが「何を話すか」が信頼につながるのではなく、あなたが「何を聞いてあげるか」が信頼につながるということ。話す力はまさに、「聞く力」なのです。

「聞く」ことで相手の心のヒットポイントを探せ!

31

聞くことは、共通点を探すゲーム！

共通点探し、2つの条件

では、具体的に「何」を聞いていけばいいか。聞くことは、「共通点を探すゲーム」だと思ってください。

徹底的に個人的な質問を繰り返して、自分と同じ属性や、同じ関心事や、同じように盛り上がる話題を探すのです。

4章で前述した私の講演会でよくやる「共通点探しゲーム」と同じで、見つけてほしい「共通点」には、2つの条件があります。

条件1：それがわかったとき、2人ともちょっとうれしくなること
条件2：その話題で15分でも30分でもずっと話していたいこと

もうおわかりだと思いますが、相手があなたと同様にメガネをしているから、**メガネ同士で「共通点1個見っけ！」というようなレベルではダメ**。その程度では「絆」を結べません。

野球好き同士でも、それほどの喜びはないでしょう。それでは「志」が低すぎます。

もし、野球関係で探すなら、「前から応援していた球団で特定の選手のファンだ」という共通項が探し当てられれば、思わずうれしくなっちゃうでしょうし、その選手の話題で、それこそ30分でも1時間でも盛り上がるのではないでしょうか。

これなら、条件クリアです。

◎レアな血液型、学生時代のこと、犬……

内容を考えやすいように、いくつか例を示してみましょう。

①レアな血液型

自分がＡＢ型の人の場合、相手に「何型ですか？」と聞いてみましょう。同じであれば、そのレアさに盛り上がるはずです（出現率10％×10％ですから、出逢う確率はなんと１％）。

②学生時代のこと

小学校や中学時代、あるいは高校時代のことを聞くと、何か共通点があるかもしれません。スポーツ系の部活だったり、文科系の趣味だったり。

③ペット

犬や猫を飼っているような人は、じつはとってもその話をしたがっているものなのです。かりに、同じ犬種を飼っている場合、それがミニ柴とか、ゴールデンレトリバーだと、もう他のことはどうでもよくなりますよね。

④コンプレックス

おじさん同士の場合、お互いにけっこう剃り込みが激しいとか薄毛を気にしているケースがあると思います。

私もその仲間です（笑）。この場合でも、ハゲ同士で慰め合っていてもしょうがないので、思い切って使っている養毛剤まで聞いてみてください。もしそれが一致すれば、ことによると「エッ、いつから使っているんですか?」というように話が盛り上がるでしょう。

藤原流の「聞く」とは、相手と盛り上がる話題を見つけるゲーム!

32 自分が先に恥をさらす

◯コミュニケーションは、投資

コミュニケーションとは「投資」と同じで**「ハイリスク・ハイリターン」「ローリスク・ローリターン」**なものです。

つまり、こちらから表面的なこと、当たりさわりのないことを聞いている限り、お互いの関係が深まることはありません。

相手に質問をしていくときも、「ここまで聞くと失礼かな……」と思うギリギリの線を攻めていく必要があります。個人的な質問は、リスクがあるぶん、距離を縮めるのには有効です。

◎聞きづらいことを聞くテクニック

もちろん、ギリギリの線を越えてしまうと「非常識な人」「失礼な人」と思われる危険もあります。では、相手を怒らせずにちょっと聞きづらいことを聞くにはどうするか。

先に「自分は○○なんですが……」と言って、あえて恥をさらしてみてください。

たとえば、

「自分は営業のキャリアが長いんですけど、ちょうど10年たったころに病気になっちゃいまして……」

「自分は学生のころ、体重が100キロ近くあって、スポーツは苦手だったんですが……」

「自分は37歳なのにまだ未婚で実家にいるんですが……」

このような言葉を頭につけるだけで、相手も個人的なことを話しやすくなるはずです。

まず、自分がリスクをとって、聞きづらいことを聞き出そう！

33 「どこから来て、いまどこにいるか」を聞く

◎藤原式「初対面のルール」

私は初めて一緒に仕事をする相手には、「あなたのこれまでの人生をざっと語ってみてください。長くなってもいいので」とお願いしています。

その人がどこから来て、いまどこにいて、これからどこへ向かおうとしている人なのかを聞かなければ、お互い満足する仕事はできないと思うからです。

そうすると、有名大学出身の出版社の人から「じつは高校中退で、高認（高等学校卒業程度認定試験）を受けたんですよ」という話が出てきたり、まじめそうな銀行員の方から「大学時代はバックパッカーで、タイへ行って毎日100円以内で過ごして

ました」という告白を受けたりします。

反対に「いまの業務内容」についてはそんなに聞きません。仕事の話だけをしてしまうと、その人の「頭の中」、世界観が見えづらくなってしまうからです。

○来し方を聞く

初対面の相手に、いきなり「あなたのこれまでの人生を語ってください」と言うのは気が引けるという人も多いでしょうから、具体的な質問を教えます。

「どこから来て、いまどこにいるか」を聞く質問は、次の5つです。

①どこで、どんなふうに生まれたのか？
②どんなふうに育ったのか？（おもに子ども時代）
③部活（スポーツ）をやったか、あるいは、文科系の趣味は？
④最初のキャリアは何か、その後転職したか？
⑤結婚は？　子どもは？

たとえば、①「どこで、どんなふうに生まれたのか?」であれば、

あなた「生まれたのは東京ですか?」
相　手「いいえ、中学2年までは青森にいたんですよ」
あなた「青森ですか。なぜ東京に?　お父さんが転勤族だったんですか?」
相　手「いいえ、転勤族ではないんですが、地方の企業に勤めていた父が、一念発起して東京で教師を始めたんだそうです」
あなた「そうですか。青森から東京だと、けっこう方言を直すのが大変じゃなかったですか?　私も父の仕事の関係で仙台→札幌→東京といろんなところを転々としたんですよ……」
相　手「方言を直すのは大変ですよねえ!」

○聞くときの注意点

こんな感じで次々に質問を投げかけて、あなたとの共通点を探していきます。注意点は次の2つです。

①質問は具体的にする

「生まれたのはどこですか？」と聞かずに、「生まれたのは東京ですか？」と聞く。「なぜ東京に引っ越してきたんですか？」で終わらせずにひと言をつけ加え、「お父さんが転勤族だったんですか？」と続ける。これによって、相手が答えを出しやすくなります。

②自分の話を始めない

重要なのは、共通点が出てきても自分の話を始めずに、あくまで「聞く」ことに徹すること。相手の頭の中を知ることが目的ですからね。

初対面の人に、いきなり仕事の内容を聞いてはいけない!

34 「これからどこへ行くか」を聞く

○相手の成功とは何か？

次に、「これからどこへ行くか」を聞きます。

ここまで聞けると、相手に何をしてあげれば、仕事が成功するのかがわかります。ゴールを共有するんですね。

具体的な質問は、次のとおりです。

①何がもっとも大事か？
②どうすれば偉くなれるのか？（相手が会社員の場合）

「どこから来て、どこへ行く人か」を聞く

① あなたは どこから来て、どこにいるのですか?
過去
現在地
② あなたは これから どこへ行く のですか?
未来

③この先、どんなキャリアのイメージをもっているか？
④家族や、他に大事にしている価値観はあるか？
⑤人生を、どうもっていきたいのか？

◎推理能力を上げていこう！

ヒアリングすることは、相手に対する「愛情表現」です。相手のことをもっと知りたい、もっと知りたいと質問を重ねることですから。

聞けば聞くほど、あなたにも「推理能力」がついてきて、「これを聞いたら、こういう反応をするかな？」「ここまでは聞いても大丈夫かな？」ということが、だんだんわかってきます。

とにかく**1万時間は、あらゆる場面で聞いて聞いて、聞きまくってください。**

人間があることをマスターするのに必要なのは、1万時間です。

1日3時間として、だいたい10年。コツコツ続けていくことで、どんどん聞く力が向上します。

そうすると不思議なことに……いつの間にか話す力も上がっていることに気づくでしょう。

徹底的に聞く練習をすると、それが話す練習になる!

35 共通点が見つかると話すのが苦ではなくなる

○一番重要なのは「想像力《イマジネーション》」

私の講演／研修では、20人という少人数から2000人の大会場までさまざまなのですが、そこでペアになって先ほどの「共通点を探すゲーム」をすると、たいていのペア（2人組）が2分間で1つは「ちょっとうれしくなっちゃう共通点」を見つけます。

一度共通点が見つかり始めると、20分やっても30分やっても疲れないんです。だんだん2人の息が合ってくると2つ、3つ、4つ……と見つかるようにもなります。頭と頭がつながってくる。あるいは相手の頭と自分の頭がリンクしてシンクロする状態です。

でも、このインタビューゲームで、お互いがちょっとうれしくなっちゃう共通点を探り出すためには、何が一番大事なことだと思いますか？

それは、なにより**「イマジネーション」**なんです。

相手の世界観に対するリスペクトと想像力。相手の「来し方や行く末」「文化的バックグラウンドやそれゆえの考え方」「好きなもの、嫌いなもの」を想像しながら、頭をつなげて考えを共有しようとすることが一番です。

◎「ツーカー」の関係が生まれるには

まず、初めは1つ、共通点を見つければ十分です。

でも、それだけでは「点」の関係で終わります。2つになれば「線」の関係になります。そして、3つ以上、ちょっとうれしくなっちゃう共通点が見つかったなら、関係はいよいよ「面」の広がりを見せることになります。

すると4つ以上では、関係性はもう立体的になりますから、かなり相手の脳と自分の脳が交流し始めていることが意識されるでしょう。

少し表現が難しいかもしれませんが、「立体」的に相手とあなたの頭がつながってくると、そこに共通のドメイン（領域）が生じたような状態になります。

脳の中でシステムを共有するような回路が生まれるのです。そうなれば、お互いの言いたいことの理解が容易になり、いわゆる**「ツーカー」の関係**に近づくはずです。

◎スキマ時間を話で埋めるだけでは意味がない

２人の関係の中で、雑談が続くのは、このように質問がうまくいって、共通点があっちにもこっちにも見つかったときでしょう。

そうではなくて、２人で話してはいるんだけれど、**「独り言」の応酬**をしているだけなら、絆が見つかるわけありませんよね。

「独り言」の応酬というのは、「私的には……」という言葉に代表される自分の頭の中にある体験や感想や意見をただ口に出すようなタイプのもの。これを相互に繰り返してスキマの時間を埋めていくだけでは、コミュニケーションになっていない。厳しい言葉でいうと、何も話していないのと同じです。

たしかに、はたから見れば会話が成立しているように見えますが、じつはお互いの脳の交流や世界観の共有にはなっていないわけです。

お互いが相手の頭の中についてイマジネーションを発揮することをせずに、自分の話を交互にしているだけだから、何時間話していてもむなしいだけということが起こるのです。

共通点が見つかれば見つかるほど、「ツーカー」の関係に近づける。

36

「顧客の声を聞け」の意味とは？

○声を聞けない相手から「聞く」

ビジネスでは、「顧客の声を聞け」とよくいいます。お客様が何を考えているか――すなわち「頭の中」を想像する。マーケティングでは、これは基本の「き」です。

たとえばどんな本を読みたいかについて、読者から直接「聞く」ことはできません。

そこで、読者と話しているかのようなロープレ（ロールプレイング）をして、「何に困ってるんだろう？」と考え抜くのです。

私もこの本をつくる過程で、編集者と一緒に、「読者だったら、何を読みたいか」を考えつくしました。最後には、みなさんの声が聞こえてきましたよ。

想像すると、相手の顔が見えてくる

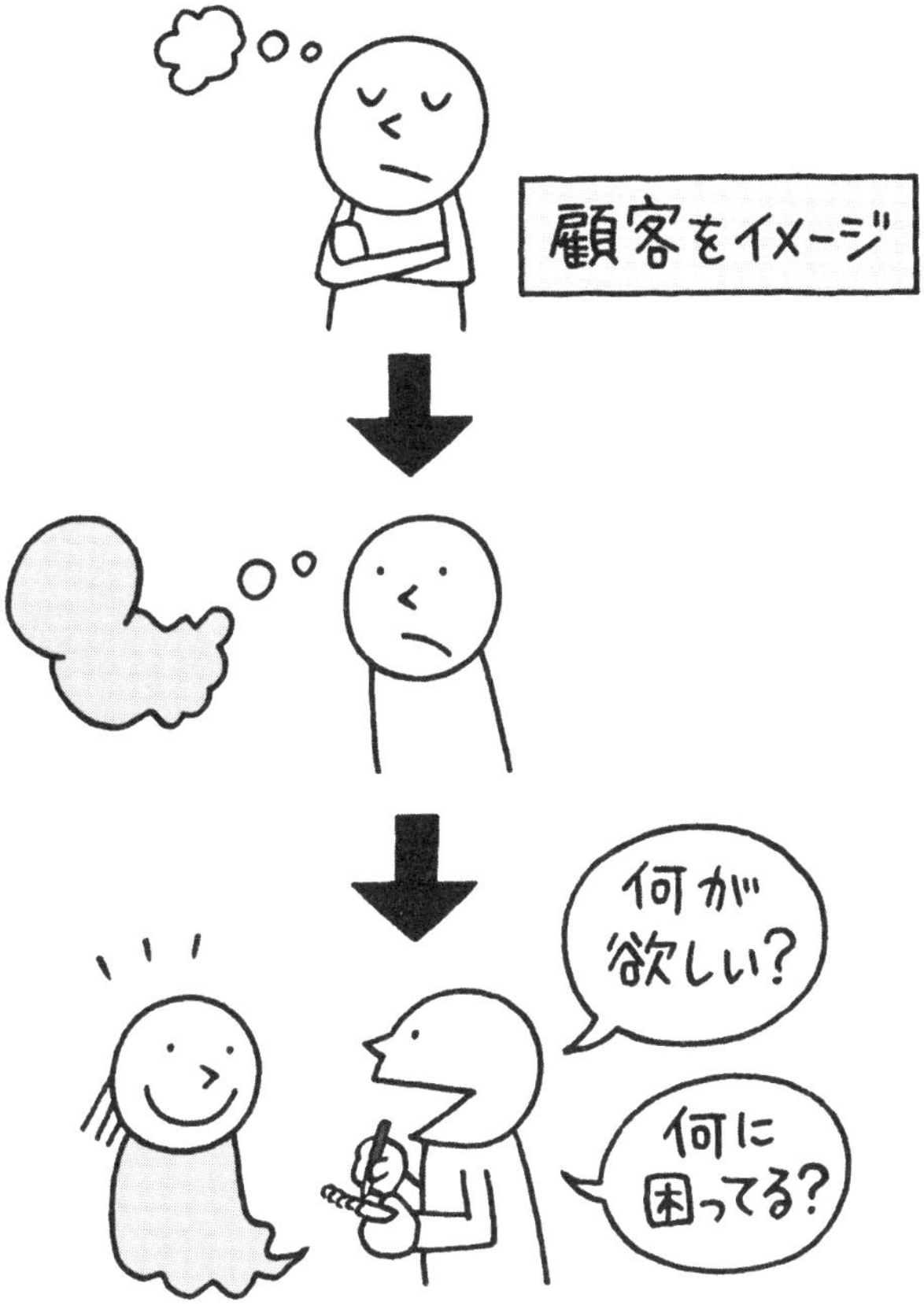

◯「顧客の頭の中」をのぞく天才、神田昌典さん

さて、友人のベストセラー作家・神田昌典氏の本に、この「聞くロープレ」をする際のヒントがありました。

デパートのメガネ屋さんにどうしたらお客様がもっと来るようになるかを相談された神田氏は、同じフロアにある巨大で集客力のある100円ショップに目をつけます。

人間の考える能力というのは限られていて、1つのときには、1つのことしか考えられない。すると、そのフロアに来る人のほとんどが「100円均一のものを買おう」とだけ思って来ている。それしか頭にない。

こういうお客に対して、「時計全品20％オフ」「◯◯セール」というポップを出してみても全然意味がない。お客は、均一価格商品を探しに来ているからね。そこで、このお客の頭の中を考えてみれば、どういうオファーになるだろうか？

私が考えたのは、これだ。

「今なら5000円以上お買い上げの方、500円キャッシュバック!! 得したお金でどうぞ100均ショップにお立ち寄りください」

(『不変のマーケティング』フォレスト出版より)

このように、顧客の「頭の中」にある声に耳を傾けることで、購買行動につなげるのがマーケティングの醍醐味でしょう。

直接聞けない相手からは、「ロープレ」で声を引き出せ!

5章のまとめ

話し方は「聞き方」で9割決まる。

聞くことは「投資」。
ハイリスク・ハイリターンを狙え！

「うれしくなっちゃう共通点」を
見つけよう。

おわりに

◎なぜいま「話し方」の本をつくったのか

この本は、特別な本です。

なぜなら、私の一番の武器である「営業とプレゼン」について、すべての企業秘密を明かしているからです。これまで、70冊、合計117万部の本を出してきましたが、私の話し方の技術を1冊にまとめるのは、じつは……初めてなんです。

なぜ、一番の武器をいままで公開しなかったのか。

自分の武器をマネされたら困るから！……ではなくて（笑）、私にとって長い間

「話が通じる」のは当たり前だったからです。

リクルート時代から、ここに書いたテクニックを（テクニックと認識せずに）実践してきたから、誰とでも「ツーカー」の関係でした。

困ったことがなかったので、ビジネス書としてのニーズがあるなんて、あまり考えていなかった。

ところが、講演で20万人の人たちとお目にかかる中で、どうやら多くの人が「話が通じない」ことで、悩んでいることがわかってきました。

「いままでだったら通じたのに、どうして？」
「仲よしの子になら通じるのに、なんで？」

そんな質問を、たくさん受けるようになったんです。

どうして藤原和博の話は聞いてもらえるのか。

どうして藤原和博の頼みは断られないのか。

それにはちゃんと、理由があります。

その秘密をまとめたのが本書なのです。

どんどん実践しよう!

どうぞ、この本を読んだら、私の講演会にもお越しください。

一般に公開されているものは少ないのですが、ホームページ「よのなかnet」のトップページに示してあります。3回講演内容を聴き、この本にある「つかむ」練習や「弱みをさらす」練習や「聞く」練習を重ねた読者には、マスターの称号を差し上げたいと思います。

マスターの称号を得た方には、ご自身の会社やコミュニティやご家族で、私に断らずに同じ内容の研修をやっていただいてもけっこうです。

編集の田中怜子さんとは幻冬舎から出版された『35歳の教科書』（２００９年／２０１４年４月に同名で文庫化）以来のコンビです。

また、私がリクルートの関連出版社として創業したメディアファクトリーがＫＡＤＯＫＡＷＡに合併したため、縁が深まったことにも感謝したいと思います。

もっと通じ合える関係を目指して、ともに学び続けましょう。

あなたの願いが通じ、夢が実現しやすくなることを祈りつつ……。

藤原　和博

２０１４年３月

〔著者紹介〕

藤原　和博（ふじはら　かずひろ）

教育改革実践家。元杉並区立和田中学校校長。元リクルート社フェロー。

1955年生まれ。父は公務員。小学校時代はサッカー少年だったが中学校にサッカー部がなく挫折。柄にもなく悪ぶって事件を起こし、家庭裁判所に。高校ではビートルズ＆ビージーズバンドのリードヴォーカルでイケイケだったが、バスケット部では弱くてもっぱら強い女子の相手をさせられた。大学入学直後に完璧な五月病でひきこもる。

リクルート入社後、「カーセンサー」のネーミングや安比高原スキー場の広報担当、メディアファクトリーの創業を手がけるが、営業部長当時、リクルート事件で検察にも喚ばれた。30歳でメニエル病を発症、以後５年間後遺症に悩まされ、37歳で家族とともに欧州に逃亡。40歳で、妻にも黙って無謀にも会社を辞める。

47歳で義務教育では東京都初の民間人校長として和田中学校を人気校によみがえらせ、橋下大阪府知事（当時）の教育政策特別顧問に。

３児の父で３人の出産に立ち会い、うち末娘を自分でとり上げた。飼い犬は長野の天然記念物「川上犬」。52歳からテニスプレーヤー。著書は70冊で累計117万部超。講演会が1000回、動員数20万人を超える超人気講師。

もう、その話し方では通じません。　（検印省略）

2014年3月22日　第1刷発行

著　者　藤原　和博（ふじはら　かずひろ）
発行者　川金　正法

発行所　株式会社KADOKAWA
〒102-8177　東京都千代田区富士見2-13-3
03-3238-8521（営業）
http://www.kadokawa.co.jp
編　集　中経出版
〒102-0083　東京都千代田区麹町3-2 相互麹町第一ビル
03-3262-2124（編集）
http://www.chukei.co.jp

落丁・乱丁本はご面倒でも、下記KADOKAWA読者係にお送りください。

送料は小社負担でお取り替えいたします。

古書店で購入したものについては、お取り替えできません。

電話049-259-1100（9：00～17：00／土日、祝日、年末年始を除く）

〒354-0041　埼玉県入間郡三芳町藤久保550-1

DTP／キャップス　印刷／恵友社　製本／越後堂製本

ISBN978-4-04-600234-1　C2034